陳福成著

陳福成著作全編

第二十四冊　八方風雲性情世界

文史哲出版社印行

國家圖書館出版品預行編目資料

陳福成著作全編 / 陳福成著. -- 初版. --臺北市：文史哲,民 104.08
頁： 公分
ISBN 978-986-314-266-9（全套：平裝）

848.6　　104013035

陳福成著作全編

第二十四冊　八方風雲性情世界

著　者：陳　福　成
出版者：文　史　哲　出　版　社
http://www.lapen.com.tw
登記證字號：行政院新聞局版臺業字五三三七號
發行人：彭　正　雄
發行所：文　史　哲　出　版　社
印刷者：文　史　哲　出　版　社
臺北市羅斯福路一段七十二巷四號
郵政劃撥帳號：一六一八〇一七五
電話886-2-23511028・傳真886-2-23965656

全 80 冊定價新臺幣 36,800 元

二〇一五年（民一〇四）八月初版

ISBN 978-986-314-266-9　08981

陳福成著作全編總目

總序：陳福成的一部文史哲政兵千秋事業

陳福成先生，祖籍四川成都，一九五二年出生在台灣省台中縣。筆名古晟、藍天、司馬千、鄉下人等，皈依法名：本肇居士。一生除軍職外，以絕大多數時間投入寫作，範圍包括詩歌、小說、政治（兩岸關係、國際關係）、歷史、文化、宗教、哲學、兵學（國防、軍事、戰爭、兵法），及教育部審定之大學、專科（三專、五專）、高中（職）等各級學校國防通識（軍訓課本）十二冊。以上總計近百部著作，目前尚未出版者尚約二十部。

我的戶籍資料上寫著祖籍四川成都，小時候也在軍眷長大，初中畢業（民57年6月），投考陸軍官校預備班十三期，三年後（民60）直升陸軍官校正期班四十四期，民國六十四年八月畢業，隨即分發野戰部隊服役，到民國八十三年四月轉台灣大學軍訓教官。到民國八十八年二月，我以台大夜間部（兼文學院）主任教官退休（伍），進入全職寫作高峰期。

我年青時代也曾好奇問老爸：「我們家到底有沒有家譜？」

他說：「當然有。」他肯定說，停一下又說：「三十八年逃命都來不及了，現在有個鬼啦！」

兩岸開放前他老人家就走了，開放後經很多連繫和尋找，真的連鬼都沒有了，茫茫無垠的「四川北門」，早已人事全非了。

但我的母系家譜卻很清楚，母親陳蕊是台中縣龍井鄉人。她的先祖其實來台不算太久，按家譜記載，到我陳福成才不過第五代，大陸原籍福建省泉州府同安縣六都施盤鄉馬巷。

第一代祖陳添丁、妣黃媽名申氏。從原籍移居台灣島台中州大甲郡龍井庄龍目井字水裡社三十六番地，移台時間不詳。陳添丁生於清道光二十年（庚子，一八四〇年）六月十二日，卒於民國四年（一九一五年），葬於水裡社共同墓地，坐北向南，他有二個兒子，長子昌，次子標。

第二代祖陳昌（我外曾祖父），生於清同治五年（丙寅，一八六六年）九月十四日，卒於民國廿六年（昭和十二年）四月二十二日，葬在水裡社共同墓地，坐東南向西北。陳昌娶蔡匏，育有四子，長子平、次子豬、三子波、四子萬芳。

第三代祖陳平（我外祖父），生於清光緒十七年（辛卯，一八九一年）九月二十五日，卒於（年略記）二月十三日。陳平娶彭宜（我外祖母），生光緒二十二年（丙申，一八九六年）六月十二日，卒於民國五十六年十二月十六日。他們育有一子五女，長子陳火，長女陳鑾、次女陳燕、三女陳蕊、四女陳品、五女陳鶯。

以上到我母親陳蕊是第四代，到筆者陳福成是第五代，與我同是第五代的表兄弟姊妹共三十二人，目前大約半數仍在就職中，半數已退休。

寫作是我一輩子的興趣，一個職業軍人怎會變成以寫作為一生志業，在我的幾本著作都詳述（如《迷航記》、《台大教官興衰錄》、《五十不惑》等」。我從軍校大學時代開始寫，從台大主任教官退休後，全力排除無謂應酬，更全力全心的寫（不含為教育部編著的大學、高中職《國防通識》十餘冊）。我把《陳福成著作全編》略為分類暨編目如下：

壹、兩岸關係

①《決戰閏八月》②《防衛大台灣》③《解開兩岸十大弔詭》④《大陸政策與兩岸關係》。

貳、國家安全

⑤《國家安全與情治機關的弔詭》⑥《國家安全與戰略關係》⑦《國家安全論壇》。

參、中國學四部曲

⑧《中國歷代戰爭新詮》⑨《中國近代黨派發展研究新詮》⑩《中國政治思想新詮》⑪《中國四大兵法家新詮：孫子、吳起、孫臏、孔明》。

肆、歷史、人類、文化、宗教、會黨

⑫《神劍與屠刀》⑬《中國神譜》⑭《天帝教的中華文化意涵》⑮《奴婢妾匪到革命家之路：復興廣播電台謝雪紅訪講錄》⑯《洪門、青幫與哥老會研究》。

伍、詩〈現代詩、傳統詩〉、文學

⑰《幻夢花開一江山》⑱《赤縣行腳・神州心旅》⑲《「外公」與「外婆」的詩》、⑳《尋找一座山》㉑《春秋記實》㉒《性情世界》㉓《春秋詩選》㉔《八方風雲性情世界》㉕《古晟的誕生》㉖《把腳印典藏在雲端》㉗《從魯迅文學醫人魂救國魂說起》㉘《60後詩雜記詩集》。

陸、現代詩（詩人、詩社）研究

㉙《三月詩會研究》㉚《我們的春秋大業：三月詩會二十年別集》㉛《中國當代平民詩人王學忠》㉜《讀詩稗記》㉝《嚴謹與浪漫之間》㉞《一信詩學研究：解剖一隻九頭詩鵠》㉟《囚徒》㊱《胡爾泰現代詩臆說》㊲王學忠籲天詩錄。

柒、春秋典型人物研究、遊記

㊳《山西芮城劉焦智「鳳梅人」報研究》㊴《在「鳳梅人」小橋上》㊵《我所知道的孫大公》㊶《孫大公思想主張手稿》㊷《金秋六人行》㊸《漸凍勇士陳宏》。

捌、小說、翻譯小說

㊹《迷情・奇謀・輪迴》㊺《愛倫坡恐怖推理小說》。

玖、散文、論文、雜記、詩遊記、人生小品

㊻《一個軍校生的台大閒情》㊼《古道・秋風・瘦筆》㊽《頓悟學習》㊾《春秋正義》㊿《公主與王子的夢幻》(51)《洄游的鮭魚》(52)《男人和女人的情話真話》(53)《台灣邊陲之美》(54)《最自在的彩霞》(55)《梁又平事件後》。

拾、回憶錄體

(56)《五十不惑》(57)《我的革命檔案》

(58)《台大教官興衰錄》(59)《迷航記》(60)《最後一代書寫的身影》(61)《我這輩子幹了什麼好事》(62)《那些年我們是這樣寫情書的》(63)《那些年我們是這樣談戀愛的》

(64)《台灣大學退休人員聯誼會第九屆理事長記實》。

拾壹、兵學、戰爭

(65)《孫子實戰經驗研究》(66)《第四波戰爭開山鼻祖賓拉登》。

拾貳、政治研究

(67)《政治學方法論概說》(68)《西洋政治思想概述》(69)《中國全民民主統一會北京行》(70)《尋找理想國：中國式民主政治研究要綱》。

拾參、中國命運、喚醒國魂

(71)《大浩劫後：日本311天譴說》、《日本問題的終極處理》(72)《台大逸仙學會》。

拾肆、地方誌、地區研究

(73)《台北公館台大地區考古・導覽》(74)《台中開發史》(75)《台北的前世今生》(76)《台北公館地區開發史》。

拾伍、其他

(77)《英文單字研究》(78)《與君賞玩天地寬》（別人評論）(79)《非常傳銷學》(80)《新領導與管理實務》。

我這樣的分類並非很確定，如《謝雪紅訪講錄》，是人物誌，但也是政治，更是歷史，說的更白，是兩岸永恆不變又難分難解的「本質性」問題。

以上這些作品大約可以概括在「中國學」範圍，如我在每本書扉頁所述，以「生長在台灣的中國人為榮」，以創作、鑽研「中國學」，貢獻所能和所學為自我實現的途徑，以宣揚中國春秋大義、中華文化和促進中國和平統一為今生志業，直到生命結束。我這樣的人生，似乎滿懷「文天祥、岳飛式的血性」。

抗戰時期，胡宗南將軍曾主持陸軍官校第七分校（在王曲），校中有兩幅對聯，一是「升官發財請走別路、貪生怕死莫入此門」，二是「鐵肩擔主義、血手寫文章」。前聯原在廣州黃埔，後聯乃胡將軍胸懷，「鐵肩擔主義」我沒機會，但「血手寫文章」的

「血性」俱在我各類著作詩文中。

人生無常，我到六十三歲之年，以對自己人生進行「總清算」的心態出版這套書。

回首前塵，我的人生大致分成兩個「生死」階段，第一個階段是「理想走向毀滅」，年齡從十五歲進軍校到四十三歲，離開野戰部隊前往台灣大學任職中校教官。第二個階段是「毀滅到救贖」，四十三歲以後的寫作人生。

「理想到毀滅」，我的人生全面瓦解、變質，險些遭到軍法審判，就算軍法不判我，我也幾乎要「自我毀滅」；而「毀滅到救贖」是到台大才得到的「新生命」，我積極寫作是從台大開始的，我常說「台大是我啟蒙的道場」有原因的。均可見《五十不惑》、《迷航記》等書。

我從年青立志要當一個「偉大的軍人」，為國家復興、統一做出貢獻，為中華民族的繁榮綿延盡個人最大之力，卻才起步就「死」在起跑點上，這是個人的悲劇和不智，正好也給讀者一個警示。人生絕不能在起跑點就走入「死巷」，切記！切記！讀者以我為鑒！在軍人以外的文學、史政有這套書的出版，也算是對國家民族社會有點貢獻，對自己的人生有了交待，這致少也算「起死回生」了！

順要一說的，我全部的著作都放棄個人著作權，成為兩岸中國人的共同文化財，而台北的文史哲出版有優先使用權和發行權。

這套書能順利出版，最大的功臣是我老友，文史哲出版社負責人彭正雄先生和他的夥伴們。彭先生對中華文化的傳播，對兩岸文化交流都有崇高的使命感，向他和夥伴致上最高謝意。

台北公館蟾蜍山萬盛草堂主人　陳福成　誌於二〇一四年五月榮獲第五十五屆中國文藝獎章文學創作獎前夕

八方風雲 性情世界

陳福成詩集

陳福成｜著

序——那一天

有那麼一天
足下百米已是馬拉松
上樓梯如攀珠穆朗瑪峰
我依然是宇宙間一首優美喜悅的小詩
躺觀天下
在星空間閃爍着他的微笑
有流星瞬間啟動唯美的靈感
日月星辰的自強不息為我揮灑
山河大地海洋不過是一張稿紙

五嶽是我手中巨椽
以長江黃河水為墨
赤縣神州八方風雨寫意即好
而人文藝術得以細工筆描繪

啊！平生
著作等身，粉絲在否？
兒女長大，功名成否？
還有，那綠色類人已進化成何種異形？
十字軍是否再度東征華盛頓？
帝國興亡、地球在否？
等等瑣碎，盡付天地，丟給大歷史
有那一天

我就像一首優美的小詩
在星空閃爍着微笑
觀整個宇宙的緣起緣滅
又有那麼一天
我尋覓到另一窗口
隨業新生
是另一翻
八方風雨
性情世界

當二〇〇八年十月間，各大媒體報導經營之「神」王永慶走了，連神都死了，誰人能免！有感草成，正好本書要出版，亦為序詩。

本書收錄近幾年來，在海峽兩岸各詩刊、雜誌、報紙所發表的作品，包括詩和品賞專文等。

我本一介武夫，半生戎馬，著述雖多，不過是一些打打殺殺之作，有名之曰「兵法、戰略」等，又有數百首名之曰「現代詩」但反躬自省，距「上乘之作」都還是太遙遠了。可見心力智力尚嫌不足，還須努力。

目次

輯三 風風雨雨

輯四　轉進第三世界

輯五　桃李春風一杯酒

輯一

秋水伊人

詠陽荷

你　可是一朵多情的荷花
從泥淖中
緩緩睜開雙眼
日日夜夜尋覓的
是陽光的腳步

你　可是一朵亭亭的荷花
從風雨中
緩緩抬起頭

即使只剩幾片殘雲落葉
依然努力開出
清芬的花朵

你　一朵清麗脫俗的荷花
在風雨停歇後
依然要牽起陽光的手
再度綻放
生命的芬芳

二〇〇七年春節讀女詩人陽荷《靜夜獨釣》感懷
（刊載《秋水詩刊》，一三三期，二〇〇七年四月）

岸的獨白

我坐在這裡看海
亙古以來宇宙洪荒
盡在我眼裡流過
所有人世的離合悲歡
也終將散入
風中的濤聲

而我依舊坐在這裡看海
看盡滄海桑田潮起潮落

而後恍然悟覺
只有迎面吹來的那一陣風
最寫意

（刊載《秋水詩刊》，一三三期，二〇〇七年四月）

窗的聯想

睜著大大的眼睛
極目
四季流動的風景
凝盼裡
有覽不盡的
纏綿詩情

二〇〇七年六月
（發表《秋水詩刊》，一三六期，二〇〇八年元月）

靜夜讀妳

在靜夜裡專情一意傾聽
蒐尋飛馳久遠的迴音
仔細剪接後仍是
妳的呢喃和笑意
仍舊甜蜜

在秋水流波中捕風捉影
網住的是
妳那曼麗的舞姿

依然飄逸

在寂靜的夢境中頻頻向妳示愛
吸吮如晨露般的蜜汁
只是那輕輕的一吻
至今仍不褪色
那不朽的回憶
將永遠珍藏在
妳我的心底

（刊載《秋水詩刊》，一三三期，二〇〇七年四月）

抓一把從前的妳

伸手一把抓住北風
急著想要打探妳別後的行蹤
任秋雨拂面
只想測知妳的心情
水鏡中望月
想再一次端詳妳清秀的臉龐
這些年
我到處讀取一些風風雨雨
無非想要重新拷貝一份屬於我們的

記憶
緊緊的抓住妳
卻只能抓住一把回眸的倩影和
細雨飄飛的髮絲

（刊載《秋水詩刊》，一三四期，二〇〇七年七月）

藏妳

總是在醒和未醒間
尋尋覓覓
到處想找個地方
藏妳

午夜輾轉反側
又跌進了時空的漩渦中
轉昏了頭　只想
找出妳

實踐一個追尋千年的愛

妳的愛
是一片詩境江山
我怕　我怕　一覺醒來
江山不在
所以　我願永生永世在夢境中
築一座永不腐壞的金屋
藏妳

（刊載《秋水詩刊》，一三四期，二〇〇七年七月）

一朵油桐花飄落

以驚鴻的身影飄落
如一枚輕盈的夢
端坐
成一位美人哲學家
與我
共創時尚文化祭

（刊載《秋水詩刊》，一三六期，二〇〇八年元月）

續油桐花夢

去年在你懷裡浣濯一夜
以為從此能清淨脫俗
誰知　才一年
明鏡又染塵

今年我又出現在妳眼前
共度晨昏　尋求昇華
六月雪燃燒成白色的夢
雪白的仙子把世界浸染成

白色的海洋
我縱身一跳
下海
徹底洗淨靈魂

歲歲淨身
年年未悟
因妳的青春不老
總想見妳
時間在妳白色海洋中急駛而過
妳竟船過水無痕
莫非　白色的夢
是永恆的約定

附記：去年（二〇〇六年）有一首〈油桐花夢〉刊載《秋水詩刊》一三四期，今年賞花又有感。寫於二〇〇七年六月，年底又修訂。

（載《秋水詩刊》，一三六期，二〇〇八年元月）

油桐花夢

一襲典雅的花白
有青山綠水山莊為伴
辦一場溫馨淨密的婚禮
深怕紅塵沾染了純潔的花朵

我只是慕名而來的遊客
付了錢就想一親芳澤
據說在妳的懷裡過一夜
定能浣濯我心中的沙塵

採取一枚油桐花的夢
夠我沉澱多少年城市中污濁
妳的一夜
也夠我一輩子快意慢活

二〇〇六年四月草稿，二〇〇七年春修定
（刊載《秋水詩刊》，一三四期，二〇〇七年七月）

油桐花

上帝派來人間校園
專門教授展演
美學　的
仙子
是六月人間裡
最唯美的名模

（刊載《秋水詩刊》，一三六期，二〇〇八年元月）

妳的背影

深夜，寂靜延伸成一座長橋
我輕輕走向遠方
飄向妳浣衣的溪邊
那兒有妳的背影

我在遠處端詳一排浣衣女
只想捕捉妳熟悉的身形
最想典藏的是這種不朽的愛
地老天荒依然年輕

想像著此刻妳在天河浣衣
而我仍不斷地在浣濯回憶
企圖洗出一張亮麗如昔的影像
不讓時光摺舊了妳的背影

二〇〇〇年母親節的筆記，
典藏多年後——二〇〇七年春修定
（刊載《秋水詩刊》，一三五期，二〇〇七年十月）

作家

我寫故我在
我在故我苦
我苦故我寫

別笑我像一位苦行僧
我以筆耕來彌補人生的缺口
以詩點亮一盞燈

（刊載《秋水詩刊》，一三五期，二〇〇七年十月）

假日樟山寺

日出時
有聲入寺
一朵蓮花悠然灑落光輝
鐘聲
自迴廊飛過山谷林間
撞在心頭　普——通——普——通
腳下的路有些重

午後
山中寂寂
一隻木魚從寺門飛出
輕飄傳頌
遺忘的心經說
色即是空　空即是色
腳下的路程輕了些

黃昏時
又飄出鐘聲
遊走世間
追趕歸人
一朵蓮花慈眉善目的釋出善緣

無奈歸人急著墜入紅塵
腳下的路愈來愈重

註：樟山寺位於政治大學後山，應屬木柵茶園範圍內，假日登山人多，香火鼎盛。
（刊載《秋水詩刊》，一三七期，二〇〇八年四月）

陽台上的萬年青

清靜無欲佇立一方
如一位有道的紅塵居士
無關歲月　沒有情緒
偶爾吸引關愛的眼神來
醍醐灌頂　永保青春

常在時間之外，入定
被陽光　空氣和水遺忘
清癯的面容尚能和微風談禪

守著永恆的孤獨
為人在窗前織一段萬年不老的夢

在這框架的小世界怎樣能自我實現
曇花老矣　黯然失色
向日葵在擋雨棚下傷神
可憐的木瓜樹骨瘦如材
活像非洲難民

唯你，在貧瘠的環境中仍有青春活力
給人希望　萬年長青

二〇〇八年春
（發表《秋水詩刊》，一三七期，二〇〇八年四月）

中年感懷（一）

驀然　昂首
爹娘正坐在上頭
年輕的笑容　藹藹燦爛
靜默著
蔭庇橐筆樵叟
這種感覺為甚麼以前都沒有

啊！這一刻，思緒如電
半個世紀在這瞬間

昂首　流過
流走萬噸愁千斤苦
流走春秋正義涅槃的痛楚
只有那輕飄飄的思念飛不走
飄成一朵朵秋葉駐心頭

（刊載《秋水詩刊》，一三八期，二〇〇八年七月）

中年感懷（二）

非得到此刻
飽飲風霜後
才懂得掙脫框架
才來蛻變成一隻
彩蝶　試圖飛入
花林綠叢間

有微風細雨的日子
我譜寫紅塵的夢曲

若狂飆將起
我自當飛離
讓夢魂駕著生命
安然 繼續
在行雲流水間
翱翔

（刊載《秋水詩刊》，一三八期，二〇〇八年七月）

春天

春天是一隻神鳥
急著展翅
叫醒陽光　串連花草
啟動一個機制
佔領山坡
山坡為之變色
再變色
春夜

灑下一片片浪漫的月光
讓醒著的人沉醉
睡的人築夢開花
啊！春天
人間的日夜都被妳佔領

（刊載《秋水詩刊》，一三八期，二〇〇八年七月）

枯蟬

秋日午後
獨上樟山寺
路邊躺著一隻枯禪
幽篁和風不為所動
似聽聞一年的禪法
恍惚已入定　遠離
紅塵之外

（刊載《秋水詩刊》，一三九期，二〇〇八年十月）

航

Are you going to Scarborough Fair
旋律如片片落葉，自久遠的時空
年年飄來
緣落浪頭或泥濘
少有思索空間
唱著憂傷的歌，踏步向前

想像著，年復一年的航行，終要駐足
一個美麗的王國，那不是夢

當音樂響起，花鳥星星也共鳴
Parsley Sage rosemary and thyme
輕快地鼓起風帆，順風航行
旅途偶有滯澀，卻有迷迭香和百里香風情

其實有羅盤就不會迷航
我並不孤獨，候鳥和飛魚相繼加入旅程
有時，我愛佇立船首，迎風破浪
擁抱蒼穹，有一種快感，
想起她
Remember me to one who live there
日子雖有鹹味，目標仍在不遠處
有一段航程，我在海峽這岸和那岸

來來去去，航行日誌已等身
為何落葉始終在飄落
始終不著地，同行的魚鳥們有些憂鬱
而我仍堅持繼續
航行
She once was a true love of mine

註：Scarborough Fair是一部老電影《畢業生》主題曲，詩中四句英文是老歌的第一段。朗誦此詩時，每遇英文句都按原歌曲唱出。

二〇〇八年

（刊載《秋水詩刊》，一三九期，二〇〇八年十月）

浴後

攬鏡自照
憬悟　似見
松花江畔冬景

風中飄動著
幾束淡綠垂柳
昂首　皓月當空

二〇〇八年初秋
（刊載《秋水詩刊》，一三九期，二〇〇八年十月）

楓葉

紅袖飄香的妳
在秋的大地追逐陽光
乘風　尋找

黃昏時有玉手拾我

典藏於詩經
成閨中密友

二〇〇八年秋

（刊載《秋水詩刊》，一三九期，二〇〇八年十月）

輯二

蔔萄風情

讀陽荷「飛蛾」感悟

都是相同的一段生命
岳飛願為堅持統一大業而犧牲
文天祥願為默守一個正義信念而死
林覺民願為推翻貪腐政權捐軀
高寶中願為拉下篡竊者去坐牢
妳，只想飛向光明，奮力一搏
若沒有你們這些豐功偉業
萬古如長夜

也許生命的旅程中處處危機
若我找個地方躲起來，可以活得安全又舒適
但生命能留下些甚麼呢？
飢餓的胃等待食物，腸道等待消化
孤獨的身影等待老年，等待死亡
白天和黑夜有甚麼差別呢？
走過和沒走過想必也差不多？

我們再也不能逃避，坐而言不如起而行
飛向烈火　走向戰場，危機是轉機
完成今生今世的天命
自我實現

後記：二〇〇七年春節間，與妻回台南娘家，我身上帶著陽荷詩集《靜夜獨釣》（南投縣政府文化局，二〇〇六年十二月）。這整本詩集真是一則感人的傳奇故事，加上秋水主編涂靜怡大姊寫的那篇「讀她千遍也不厭倦」，數度讀到潸然而淚下。

那夜，讀到詩集卷二〈飛蛾〉一詩，也許我對歷史，對時局較敏感，另有所悟，草成此詩。高寶中先生，一個小老百姓，對「三一九槍擊案」的作弊行為看不下去了，企圖要炸死那些篡竊者而被捕坐牢。他無異如「飛蛾」，他做了。

從古至今，歷史總有些忠臣義士或衛道者，敢視死如歸，挑戰貪腐與不法的統治者，歷史才見到光明燈火，否則，萬古如長夜。

筆者一介小民，見滿街狼犬，篡竊橫行，統治者公然說謊，以人民為芻狗，亦無可奈何！惟願以「太史公」之筆，以詩誌之。

（刊載《葡萄園雜誌社》，二〇〇七年夏季號，一七四期）

黑夜的真理

光明其實是不光明的
黑夜才能光明正大的完成所要實踐
所以，人們等待黑夜
如海水等待堤岸崩解潰決

只有黑夜來臨才能解除
人們的虛偽、謊言、粧扮、飾非與造假行為
人們才能得到解放、解救
看清自己，明心見性

黑夜真是進化論的大舞台
生物在此時公平公正的起舞、交媾、繁衍子孫
完成自我實現
人，必待黑夜和孤獨的淬礪始能成聖成賢
神啊！讓二十四小時都是黑夜吧！

二〇〇七年元月某個夜晚，
一場運動後的感覺和感慨
（刊載《葡萄園詩刊》，一七四期，二〇〇七年五月十五日）

台客吟

唐山過台灣時
大家都不帶根來
反正是來做客

沒想到竟就落地了
幾百年，長不出根來
卻也枝葉繁盛

因為根不在這裡

何必怪土壤？

對近年島內統獨運動的總結
寫於二〇〇七年三月

（刊載《葡萄園詩刊》，一七四期，二〇〇七年五月十五日）

把感覺找回來

牽著老婆的手
像左手牽右手，一點感覺都沒有
牽著情人的手
碰到漏電熨斗，心兒在顫抖

時間把感覺推向天邊
一定得設法找回來
學學人家怎麼搞台獨
假戲像寫真

就能讓人High翻天
把當初的感覺找回來
那毒藥
定使老夫老妻重回方舟
High翻天

二〇〇七年春調解朋友的夫妻冷戰有感而作
（刊載《葡萄園詩刊》，一七五期，二〇〇七年八月十五日）

又搞死一個岳飛

朝廷之上充斥著
趙高、秦檜和汪精衛等投胎轉世的
魑魅魍魎
以及一群被道士趕著的
殭屍
這些鬼禍害人間
最近又搞起焚書坑儒
孔孟李杜等又被判了第三度死刑
凡經史子集都是火化的對象

冤死的眾生群集冥府找鬼算帳
還沒有超渡頌經
在台北市利用一個特別費案
又搞死一個岳飛

此刻，我看見
忠孝仁愛信義和平禮義廉恥
全都死光光
在魔鬼統治下，立法司法考試監察
全都死光光
所有的岳飛全都死光光
這哩，除了鬼，我未見有人

二〇〇七年春馬英九「特別費案」感想

（刊載《葡萄園詩刊》，一七五期，二〇〇七年八月十五日）

無常

吃齋念佛信上帝
五十不到就大去
人生無常是真理
快樂無愧就寫意

點燃一盞燈　何時滅？
和神有甚麼關係？
多半是一些風風雨雨吧
微風細雨總不致於

明燈
突然　滅熄
涅槃滅熄有因果
實相假相問佛陀
吃喝嫖賭任由他
愛恨情仇再探索

小記：朋友年紀不大，走了，在我的筆記中留下兩首「類傳統詩」，不過疏發感懷，修修剪剪，中間又加一段「現代詩」，不知成何「體統」？定稿於二〇〇七年元月。

（刊載《葡萄園詩刊》，一七五期，二〇〇七年八月十五日）

詠箸

張家
一輩子打拼不外為了吃喝
哪曉得成果都是別人收割
嚐盡酸甜苦辣仍不悟
懵懵懂懂過一生實在太扯

李家
一生堅守山盟海誓不分離
吃香喝辣兩相宜

一夫一妻白頭老
生不同時死相隨才奇

王家
一眼相中對方纖長輕盈好身材
柳腰款擺腿張開
欲火上升想著好滋味
只管把丁香伸出來

林家
我倆同病相憐好同志
本性相愛何必裝飾
無怨無悔共同打拼

願為眾生待飼

二〇〇五年秋閒情記趣，〇六年冬修訂
（刊載《葡萄園詩刊》，一七五期，二〇〇七年八月十五日）

婚疑擬影

偶然
她在星期天的辦公室發現一隻婀娜多姿的
影子
從他身邊飄然而過
美腿和高跟鞋
如劍　襲來
她決心全面啟動調查機制，查
飄然而過的影子是誰？

他為什麼晚一小時回家？
他的手提包、皮夾或口袋中必有天大的秘密
還有，他下了班怎有電話？
還有，那聲音，細細的，輕如那影子

下一步，她決定全面反制，掌握全局
老公嘛！只須要一條最粗的繩子
把他細的緊緊的，釘的死死的
至於那漂亮的影子——不，可惡的影子
也不，鐵定是一隻千年狐狸精
得準備一個最結實的鐵籠子
她日日夜夜提高警覺
繩子籠子老早備好待用

不料，繩子綑住了男人
可惡的影子從籠子的小縫飛走了
決不干心
立即再啟動〇〇七追捕系統

抓不到影子　永不甘心
套不住男人　死給你看

二〇〇五年春日小記，二〇〇七年秋修定稿
（刊載《葡萄園詩刊》，一七六期，二〇〇七年十一月十五日）

婚變煙雲

進化平台上點燃一把情欲之火
也是一種愛
高溫煙雲自內心世界噴向
半空中
濃煙蔽天　快速擴散
大家都看不清楚火苗最初從那裡開始？
上帝、耶穌和佛陀只得袖手旁觀
朋友們組成消防隊

奈何不懂燃火性質
也不知道用何種方法或工具救火
都不得其門而入
且有零星風聲助長火勢
反使局面惡化
各路搶救人馬束手無策

火不斷燒　時大時小
煙不斷冒　有濃有淡
就是絕不會熄滅
且任何時候都能以星星之火快速燎原
使兩座火山同時爆發
煙塵向北飄飛百餘公里

景像慘不忍睹
環境偶有休養生息的機會
少不了仍有些風風雨雨
只是各方風聲都被割裂　斷章　曲解
無人看清真相　無人聽懂真言
啊！那風聲說些什麼？煙雲秀些什麼？
人生的意義和價值何在？
要花多少時間才能讀懂風聲和看清煙雲？

二〇〇五年夏之筆記，二〇〇七年秋定稿
（刊載《葡萄園詩刊》，一七六期，二〇〇七年十一月十五日）

詩人

老站在一座孤冷的峰頂
昂首
獨孤看天
和他心靈對話
遙想
蒼穹涯涘處
再外　又外
低頭

孤獨看海
和遠方的雲層交流
想她
定有珍貴的意象
可采擷
煉製成詩

（刊載《葡萄園雜誌社》，一七八期，二〇〇八年五月十五日）

貪官

牠的嘴巴
張成一隻巨橐
吃、裝
活像
一隻貔貅

（刊載《葡萄園詩刊》，一七八期，二〇〇八年五月十五日）

問鳥

妳，小小的身軀
怎能馱得動這麼大的天空
且如此
輕盈　自在

而我們當中有很多人
因壓力太大
自殺了

（刊載《葡萄園詩刊》，一七八期，二〇〇八年五月十五日）

春秋戰場

那年，我大約八歲，大妹五歲，小妹三歲
我們是武林中年紀最小的俠客
小小的年紀就知道向蕭芳芳、于素秋大姊們學習
維護武林正義

而那時，我們根本還不知春秋

隨著年紀漸長，後來我們才知道
原來我們早已進場，在春秋戰場上
堅持春秋正義，斬妖除魔

從來沒想過要退場，幾回決戰
竟就過了半個世紀

漫長的旅程中，我也曾隨著一票師兄弟
大膽西進，南征北討
奈何成果不佳，春秋式微
亂臣賊子猖狂，邪魔歪道盛行
幾年前，篡國竊位者終於用不法手段謀奪了大位

這幾年來，有正義感的各大門派紛紛起義
欲推翻篡國竊位者
民間的正義力量排山倒海而起

我知道人間依然有春秋，決定創建《華夏春秋》
喚醒孔孟英靈，使人間重回藍天白雲

刊載《葡萄園詩刊》一七五期 二〇〇七年八月十五日

滅，生

當朽了，壞了
就回到天地吧
這是一個新生

高溫是一種昇華和加持
能除一切苦，真實不虛
看啊　灰燼
在時空的長河中旅行
永恆的揮灑
（色不異空，空不異色，色即是空，空即是色。）

人只有與天地同在才能不朽不壞
長生不老
生生不息
（不生不滅，不垢不淨，不增不減。）

（刊載《葡萄園詩刊》，一七九期，二〇〇八年秋季號）

魚，苦

（觀自在菩薩，行深般若波羅蜜多時，照見五蘊皆空……）

群群游魚
在逐漸加溫的油鍋中掙扎
張開的嘴喊
救命

（乃至無老死，亦無老死盡，無苦集滅道……）

有的用油煎
翻來又覆　皮破血流

惡狠狠死瞪的眼睛
向人世間的公平正義抗議
（遠離顛倒夢想，究竟涅盤，三世諸佛……菩提薩婆訶。）
群魚愈是抗議掙扎
撈捕搶食者愈是喊爽
少數向鍋外逃亡者
也都死路一條

（刊載《葡萄園詩刊》一七九期，二〇〇八年秋季號）

公車站的流浪漢

全身住滿骯髒疙瘩
爪蹄都已長出如骷髏般的乾枒枝
盤踞在這簡陋的巢
日夜看著行色匆忙的土石奔流
唯一能緊緊握住的
半瓶酒，分不出瓶握著手抑或手握瓶
無助的到處晃蕩
或想要尋找些甚麼？

大叢林退化成一座冷漠荒原
最有活力的是一群禿鷹爭食一堆腐肉
附近還有野狗、狼隻和鼠輩
正要圍攻加入戰局
禿鷹吃飽喝足遠走高飛
野狗善於打群架也有收穫
孤單的狼隻受傷且疑惑的竄匿
鼠輩等只得收拾殘局

這一幕幕永不止息的上演
我只想躲在巢裡觀戰
蜷伏在自己的洞穴中以策安全

牠們有的發現了我的存在
把銳利的眼光削成尖刻的箭
射過來，箭箭穿心，痛不欲生
但很快就過去了
現在已經沒有任何東西能傷我

夜晚又到了，叢林中
有光、閃爍、幻影和聲響
遠處，魑魅魍魎，鬼影幢幢
我無力搶食或爭奪些什麼？
我是那匹最不中用的獸
只能在這兒讓歲月啃食　黑夜吞噬

此刻，叢林漠漠
而大地漠然，裹我成繭

小記：這麼多年了……師大分部公車站那位街友還在。……寫於二○○八年春，秋天修成本稿。

（刊載《葡萄園詩刊》，二○○八年冬季號）

沉滅之兆

無常的世界裡
等號也是不存在的
是你遺忘了世界
還是世界遺棄了你

你不以為意，靜靜的躺著
躺著，讓血肉腐敗
餵養蠅蟲眾生
以屍臭飛揚喚醒世道人心

當濃烈的消毒藥水如
原子塵灑下來
你已羽化成神　警示
這裡
沉淪壞滅正在加速

小記：二〇〇七年六月，住家附近聞到一股屍臭味，果然……，寫於是月底，二〇〇八年夏修稿。

（發表於葡萄園詩刊，一八〇期，二〇〇八年，冬季號）

輯三

風風雨雨

孤島眾牲

被一座進化叢林挾持著
還移到一座孤島
起初一段時期
風聲鶴唳　命在旦夕
穩住陣腳後
奇蹟似的過了一段好日子
活像一條小龍

孤島自形成以來命途乖謬
漸漸滋生一批乖獨的異形異種
狐群狗黨儘幹些偷雞摸狗的勾當
眾牲為生存
有時也得耍幾套猴戲
頂層的掠食者以為是龍頭老大
整天吃香喝辣

底層的眾牲做牛做馬
還過著豬狗不如的生活
終於知道自己不過是人家的白老鼠

孤島眾牲
如一糞坑蠕蠕的蟲

二〇〇六年底島內正亂得兇有感
（刊載《世界詩壇》一三五期，二〇〇八年六月二十六日）

我們不要去跳河
——五月五祭屈原

這幾年許多人學屈原去跳河

今年的五月五
妻如往年用心包粽子
吃的總是不安心
那一粒粒如屈原的泪
那一顆顆如緊握的拳頭

串串叢叢被捆綁
制壓在全民大悶鍋中
蒸、蒸、蒸
密封的鍋被鎖住　阻絕對外氣流
一鍋怨氣無處宣泄
只有在鍋裡鬱卒沮喪
喚不回昏庸腐敗的統治者
屈原只好去跳河

屈原跳河了
統治階層一樣貪污洗錢
成群政客一樣無恥賣國
綠林毒草一樣禍國殃民

我們不要去跳河
堅持守住一塊屬於炎黃子民的花園
不信光明正義喚不回
不信華夏詩國花園會荒廢

（刊載《南大荒詩歌報》（遼寧省）二〇〇七年第十三期）

信念

無風無浪
只是胸口淵漲
從心湖底漩漩千層波濤
有人潮歌聲澎湃洶湧如超大海嘯
八方風雨團結成一股紅潮
欲推翻一座腐敗墮落會做弊吃人的山
我馭風而行，踏浪前進

無風不起浪

各大山頭倒行逆施無常
人民的血汗匯流成長江黃河滾滔
義憤比山高
依然不能趕走那座綠色吃人的山
山更進化成異形魔獸
難不成歷史舞台存有魔種

山不轉路轉，路是人民走出來的
菩薩勿須示現，大師勿須說法
革命或造反
我心中自有答案

二〇〇六年底紅衫軍運動後有感

夢的進化

在夢幻之島
民以夢為天　為理想為目標為生活
看啊！人民檢拾一片一片的夢
充飢、果腹
有夢最美

現在夢又進化
聰明程度在人之上　智慧卻在人之下
能穿梭於天外天

進出五度空間
讓人神昏顛倒　失去理智

如今　島民正研發
讓夢快速進化成一隻巨大的誘因
人人心懷有夢最美
我們有能力讓夢再轉型成一部印鈔機
兼生產
長生不老丹

作於二〇〇七年夏，並於〇八年元月「三月詩會」朗詠。
（刊載《世界論壇》一三二期，二〇〇八年五月十五日）

夢的解析

夜長夢多
是心中有一盆火
自那年三月春開始燃燒
跨越一冬，一冬又一冬
無人能解析

讓夢自行走回歷史的長廊
留下你我在人間
短眠輕夢　春秋大夢

都似晨曦小鳥隨風飛過窗前
春夢了無痕

午後躺在沙發上
夢就抓起窗衣輕步蓮移來
大夢誰先知？平生我已覺
半醒半夢中聽到有人大喊：
南台宣佈獨立　台灣爆發內戰

夢如醉酒的春天在耳邊細語：
人生如夢　不能解析

二〇〇七年春作，夏修定稿，並於〇八年「三月詩會」朗詠。
（刊載《世界論壇》，一三二期，二〇〇八年五月十五日）

胎，死腹中

你拼命掙扎吶喊，就是要出頭天
不論白天或晚上，尤其重點日子
二月二十八日
你叫聲最慘，哽咽悲鳴
要脫離母體，要出頭天，要走出去

想像著，獨立，多麼自由自在，無人來管
忖度著，獨立，天下我最大，我是老大
暗算著，獨立，那些LP和鼻屎

竊喜著，獨立，心花朵朵開
夢想著，獨立，朕賜你無罪

我曾經理性思考過，只要脫離母體
就一定出頭天——立即可見
天邊雲彩如夢如幻，一個美麗的新世界
男子不用當兵，因為從此以後沒有戰爭
女子不必生產，有萬國來朝來貢

為了這個偉大的夢想
現在我帶頭高唱
我要脫離母體，我要出頭天，我要出去
獨立萬歲——奈何

胎，死腹中

二〇〇七年冬於台北萬盛山莊

（刊載《世界論壇報》，〈世界詩壇〉，二〇〇八年一月十日）

逃離核心後

那些年生活在距離太陽不遠的地方
每日望著上面賜履
或盤算與核心的距離
只要攀附核心要甚麼沒有？
多數是陣亡的
一顆顆不滿的頭顱亂滾，痛恨的眼神
亂射

太陽的引力無所不在

時時刻刻牽引著你
你必須牢記太陽誕辰、喜愛、臉色和
愛喝的酒
還要擔心一大票繞著太陽轉的行星、
流星、衛星
另有任意漂飛的小石塊
一顆心真是七上八下

有任何一塊不爽準會對你有所行動
輕則傷你，重則毀你光明前途
有時太陽心情不好吹起一陣陣熾熱的
太陽風

憤怒爍紅的臉上有可佈的黑子
如暴雨般向下摧殘
無不遭殃
只好躲進純酒女人的防空洞

我決定逃離核心
逃離太陽引力的掌控
在沒有太陽的地方
我願是沒有引力的太陽
只給人溫熱和需要
我的溫熱給人溫茶溫酒或取暖
我的太陽風給人發電或充電

給需要的人生蛋產子或創作新產品

一九九九年春初創，二〇〇五年冬修訂，二〇〇七年再修

（《世界論壇報》，二〇〇七年十二月二十日。）

瓜之頌

東瓜（冬瓜）
你是屬於東方的
和諧、圓融
統一和敦厚的臉龐
是你堅持的美學思想
清心寡欲而雪白的內涵
說用你來去人欲存天理
西方怎能理解

西瓜

說你屬於西方定是不服氣
老家新疆也還是東方啊
圓融統一的完形我也認同
自成一個宇宙系統
我的熱情紅心可以降火氣
東西方都有共識

南瓜

屬於南風情調
圓大中空
行事低調不追流行

蔓足早已靜悄悄的
廣延四方

北瓜
從那一個時空飄然而來
進化舞台上你最遲
最奇
後起之秀
功能最多也最大

附記：東瓜、西瓜、南瓜大家常吃，「北瓜」似未曾聽聞。二〇〇五年間，新竹縣峨眉鄉民黃兆文先生，從紐西蘭引進狀似西瓜的「北瓜」（又叫「魚翅瓜」），北瓜適宜種在海拔一千二百公尺的山區。北瓜栽種後，蔓藤漸漸往上攀升，如同絲瓜，要搭起棚架，成熟的北瓜重約四台斤。去皮後可生食，或做生菜沙拉，煮排骨湯、炒肉絲，口感十足，清淡又有營養。不久，國人就有「北瓜」吃了。

（刊載《乾坤詩刊》，二〇〇八年夏季號，四月出版）

皈依

一顆心翻越千山萬水
翻江倒海
尋找
只不過想找到一條回家的路
雖然塵緣未了，卻也因緣具足
終於來到大師面前
遠觀那親切的身影
屏息，隨師誦念觀自在菩薩
此刻，歸途變得那麼近

我很快走入一扇門

註：記二〇〇七年十二月廿三日，在國父紀念館參加星雲大師主持的皈依大典，成為臨濟宗第四十九代弟子。是日，國父紀念館盛況空前，求皈依者萬餘人，乃於次日在台北道場再辦第二場皈依大典。

（刊載《人間論報》，二〇〇八年四月四日）

回憶

左腳才在鳳山操場踢正步
右腳落地時已思考着
退出江湖後
要在一灣溪畔經營一座果園
一支詩筆已取代槍砲
修剪整理灌溉施肥
妙筆詩花
讓五十春秋在果園裡
奔放　生色　展翼

（刊載《創世紀》詩雜誌一五三期，二〇〇七年十二月）

蓮說

我確實受到腐敗墮落
滲透，又圍剿
我不妥協
堅持挺立
讓生命昇華成純粹
真善美
因為
我是岳飛

（刊載遼寧省盤錦市《盤錦詩詞》二〇〇八年壹・貳）

贊麗娟

——詠陽台上的薔薇

雖然陽光不充足，空氣不夠新鮮
我仍細心呵護保溼
妳天生麗質
在妳的季節裡
蘭花吐芳
皮膚白皙柔潤水嫩
對每個觀賞的人都會嫣然一笑

啊！麗娟，漢武帝早已不在
妳仍是長生不老的絕美仙子
欲睡的午後見妳隨風起舞
黃昏時那一齣「回風曲」
以及妳的一顰一笑
定使天下男女一見鍾情
誰說在陽台不能建設
愛情理想國，何不來問問現任國王
花神麗娟正是我的皇后

贊陽台上的薔薇
二〇〇六年四月作
（洛陽牡丹文學雜誌社，二〇〇八年元月號）

門

關門
關死大片江山
旮旯了歲月
氣悶着
從內心掀起狂風
吹倒自己
站在門口張望
見天邊彩虹

不久消逝
內心燃起盆火
如雲一朵

開門出走
大路到處有
擁抱大片江山
但至少你得從一扇門走出

（刊載江蘇省《江海文藝》二〇〇八年春夏）

也是真愛

彷彿在一種實境却虛擬中
蜜蜂採集花中甘液的
忘情
不准外界干擾

就像是綠葉柔情
包納花兒
怕她受到風吹雨打
不願陽光關愛

藏起來共創唯美甜蜜的王國

見光
則死

（刊載遼寧省盤錦市《盤錦詩詞》二〇〇八年壹・貳）

古井

這麼狹隘的路
總讓人有恐懼感
眼光短淺
小小的洞天裡
藏着宿命的哀怨與悲歌

群蛙在這裡爭食
幾隻小蛇稱王
我孤坐百年思索不出解套辦法

一點點思想活泉正在乾涸
一些許文化水平快速下降

去那裡尋找活水源頭
只能把心靈投向遠天
我知道那裡有浩瀚的天空和錦鏽的河山

作於二〇〇七年春
（刊載江蘇省老科技綠野詩刊社十四期，二〇〇八年五月）

蝗蟲過境

寶島這幾年氣候鉅變
從天空到大地
一批批綠色的蝗蟲過境
所到之處
金銀財寶穀物資源掠奪一空
萬類蠹蝕
美麗的寶島成了
不適人居的地方
只剩蛇蝎蟲類和流浪狗

問那強大有力的物種都去了哪裡
不是漂海東出就是大膽西進

作於二〇〇七年春
（刊載江蘇省老科技綠野詩刊社十四期，二〇〇八年五月）

輯四

轉進第三世界

轉進第三世界

不想被業績和進步綁架
從第一世界轉進
第三世界
時間成了玩賞的寵物
心，空了
王國的天空大地變得無限寬廣
很快，有星星、月亮、太陽、風花雪月……
都住進來了
而創意和閒情是最新住戶

政大後山的小鳥和微風惦念着我
便上山，掬一瓢清新妙意
聽鳥兒唱歌，和她談天說笑，她聲音甜美
樹蔭下，織着金黃色的陽光，小睡後
譜一曲夕陽餘輝，畫一幅天邊彩雲
改日好向朋友獻寶

有時，也到台灣大學看各大山頭
論劍、比武、講道
沒想到小小一個台大
竟潛藏着各大門派高手，個個有來頭
有逐野鹿，共分其肉
有默默研究，成一大家

我又有些心癢
乃在擂台邊當一名小小志工
以利觀戰、學習

中國是有五千年文化的文明古國
文學花園中盛開着無數奇花異果
其聖賢神仙，如孔孟李杜或三蘇
我一一拜訪請益，讓人脫胎換骨
或英雄豪傑，如秦皇漢武、西秦王爺、康熙大帝等
我逐一求見，解開許多千年疑惑
還有許多名山勝景呼喚我
玉山、雪山、大霸、黃山、天山、華山、泰山……
不是親臨聽道，就是神遊其境

都讓我開出文學花朵，也播下詩的種籽

我很早就想到普陀山謁見觀音菩薩
尋求明心見性之道，卻苦無機會
最近意外到了海南南山寺
聽南海觀音講道、開示，若有所悟
回來後，皈依在星雲大師座下
成為臨濟宗第四十九代弟子
老妻說：「你做夢還在頌心經！」

明明是大白天，有夢來敲門
邀約垂釣一段夢或一首詩
晚上又想把滿天星斗

釣入夢中

這是人生第三世界情境

小記：退休生活的體驗，一九九九年殘稿，二〇〇八年春修稿。「第一世界」指英、美等先進國家，講究效率、速度、進步的生活形態。「第三世界」指開發中或低度開發國家，人的生活較悠閒、緩慢，且較沒有時間觀念。

到佛光山找佛

一行人想到佛光山學佛
進了山門到處找
找不到有人在學佛，或至少
教佛，補習佛的也行

老和尚、小和尚、大朋友、小朋友、人潮……
各忙各的，各看各的，在
廚房、淨房、書房、知客室、辦公室……
煮飯、掃地、編印、校對古籍、整理環境……

啊！佛在那裡？

記二十年前到佛光山的印象，民九十二年舊搞，九十七年春修。

讀雪柔，想起她

兩個大約同款式的纖弱女子
因為她，讓我想起另一個她
她狠狠的對她媽說
別說去賣肉，就是去賣笑
我也絕不幹
酒家是絕不會去的
三十年了，她並不恨她媽

她熬過雪虐風饕

依然情操如雪，柔婉飄逸
以嬌小玲瓏的身影
提董狐之筆
盡情揮灑生命的春天
「管一點人間事」

小記：二〇〇四年九月某晚，讀涂靜怡著《詩人的畫像》〈雪柔篇〉感想，讓我想起我認識的一個女人。了不起雪柔，她戰勝了命運，她有能力「管更多的人間事」。而我認識那女子，她，服從了命運。二〇〇六年冬修稿，〇八年春再修。

也許

也許，我們是一枚飄葉
如夢
在這裡灑落、沈睡、迷途

也許，因外面風寒
醒了
有夢開始燃燒、燎原、聞法

也許，亙古曾有一個諾言

示現、自覺
明日又將開啟另一段輪迴的旅程
或也許

二〇〇七年冬

駱駝

別小看我騎着
久歷風霜的長老
伸長的脖子
慢工細嚼
天長地久的寂寞
我就靠牠橫渡沙哈拉大沙漠

二〇〇七年夏

胎毒

懷胎四百年
生不出來
胎
死腹中

二〇〇七年冬

妳的影子

三十春秋的光影
妳用影子敲我心扉
無月的靜夜
妳的影子伴我談心

如果是一夜好夢
偶爾妳的影子來叩窗
踮起腳尖
在夢裡與我共舞

若我心情實在低落
獨酌愁更愁
只得邀妳媚影
共醉一夜

妳的影子是我的不死寵物
日夜伴我

二〇〇七年初春

人生

一艘艘
駛過時空之海
激起浪花
浪花消逝
有海
無痕
夜晚時眾星竊竊私語
荒謬

二〇〇七年冬

矛盾？

婚姻幸福得
兩人一心
明明兩人
怎只一心

幸福的代價是使
一個人
沒有心

二〇〇七年冬

寄夢

我寄一整船
深情　半月
未見回音

心急的我把自己折成
一枚紅葉
乘風飄向妳　抑或
變成一顆紅豆

播入妳心田　期待
發芽成長開花結果

民六十七年在馬祖高登的殘稿，九十七年赫然「出土」，一個秋夜重修。

荷包蛋

竈前閃着淡淡的幽光
看一輪明月
在雲霧中
飄香

深深吸一口已歷半個世紀
香氣
咬一口
仍有餘溫

那一口竈
鍋裡的荷包蛋
是媽媽的愛
是故鄉
是畢生最唯美、最懷念的
色香味

二〇〇七年春

除夕

一場亙古而似莊嚴的
儀式　進行着
五臟廟各有所需
儀式過程很快
滿足各方所求　收尾程式是
發紅包
紅包發完，也很快
世界重回寂靜
只剩兩老面對熱鬧的電視秀

七點不到，秀正熱鬧
兩老已在沙發上進入夢鄉

民九十七年二月

龜笑鱉無尾

笑牛鼻子穿孔
被拉着走
你被意識形態穿腦
行屍走肉

笑馬套鞍絡繮
被騎被驅
你被財色迷心
這輩子何時善了

笑籠中鳥坐牢
刑期何時了
你為誰辛苦為誰忙？
天大的牢裡刑期更長

二〇〇七年夏

鹹魚翻身

一隻很有理想又有正義感的魚
曾經在河海中翱翔
並許下諾言
要在大海洋中引領風騷
卻怎樣都沒想到
被一部戰爭機器
醃製成一條鹹魚
鹹魚有甚麼翻身的機會

我捨舟從陸
在椰林醉月的晨間
用一滴露水
創造出一景大海洋
一條鹹魚翻身
悠游於江洋天空
我是海大魚

民八十六年舊稿，九十六年冬修稿

牧牛

放牛吃草，他到處亂跑
貪瞋痴慢疑，真是不得了
溪邊找到牛，硬要拖他回家
巨牛狂奔

牛性頑冥，須得慢慢調伏
戒定慧多少管用一點
我鞭不離手，羈不離身
黃昏時，騎牛回家

牛在夢中，人也閑
彼此忘了你的存在
繩索如落花，任其成住壞空吧
終於
牛總馱着牧童回家

二〇〇八年秋於台北

輯五

桃李春風一杯酒

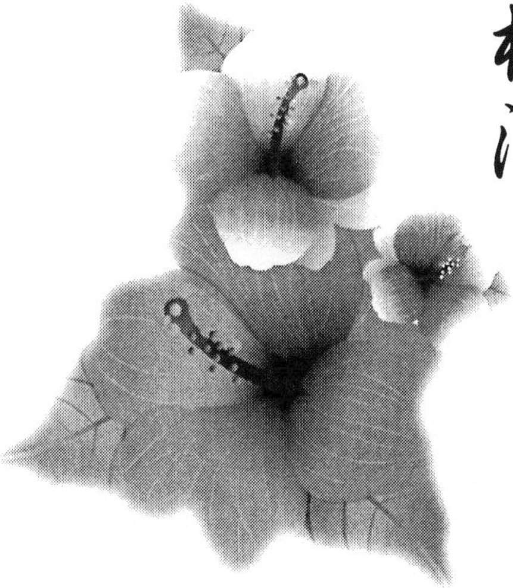

桃李春風一杯酒

——完形賞評詩人范揚松詩集《尋找青春拼圖》及詩品研析

針對老友范揚松教授近十餘年來詩作之賞評，這是第三篇，首篇論文「江湖夜雨十年燈」為評其二〇〇一年前之詩作，其次「從春秋的高度提筆」只是詩人各個切面之一，均非針對詩人作品（二〇〇七年止）的完整賞評研究。為完整深入了解詩人詩品與人品，乃再有本文，也正是老友經「江湖夜雨十年燈」之艱辛後，該有的春風得意。

附標題「完形」（Gestalt，此字是德文，在英文和中文中沒有精準的相對譯詞，中文常譯完整、完形、形態或音譯格式搭，為心理學學派之一。），強調以較完整、全面的賞評楊松詩作。

謂完整、完形，則應有全方位的賞評標準。本文綜合三家詩論標準，其一是高準的評詩十大標準（境界、情操、感懷、語言、形象、音韻、結構、氣勢、風味、創意）；二是蕭蕭現代詩之風骨、神髓、血脈、肌理；再是王鼎鈞的「意象」說。綜合歸納三家詩評觀之標準，我分五個大切面，完整賞評《尋找青春拼圖》及其他詩品研析。

一、范揚松現代詩風格：招牌與內涵

何謂「風格」？很難精確的定義，但不外是風味、格調、形象、風骨等，或可謂詩人作品的「招牌與內涵」。此說仍不易懂，舉實例，台灣重要詩社有秋水（古丁、涂靜怡、綠蒂、雪飛等組成）；葡萄園（文曉村、金筑、台客等是）；乾坤（藍雲、林煥彰、瘂弦均是）；創世紀（洛夫、張默等）；其他如蕭蕭、高準、余光中、周夢蝶、向明，鄭愁予、羅門、秦嶽、一信、吳明興、方飛白等詩家，每位詩人，每個詩社都各有風格，如秋水之唯美婉約，創世紀之現代多元。

就是不看詩社，看每位詩家，也是各有風格。常讀詩的人定有一種體驗，偶然讀某一詩句或一首詩，雖未標明作者，但觀其「樣子」，臭其「味道」，便猜到作者何人！這便是「風格」。所以，風格和詩人的成長背景、性格（基因、血脈），乃至語言、結構、情操都有關係，而綜合成一種風格形象。如詩人蕭蕭言：「神，以自己的形象創造了人。人，也以自己的形象創造詩！」誠是如此，詩品即人品。我國明代的「性靈學派」（袁宗道、袁宏道、袁中道、李贄等大作家），亦此詩觀，正是所謂「詩言志」也。

這麼說來，范揚松詩品風格和前面所舉各家是不能比較的，因為都是「獨一無二」，周夢蝶的「枯苦」形貌，瘂弦詩如春駘蕩，儒者之風向明。那麼揚松半生耕耘現代詩，如何論述其詩作風格，此非舉幾首詩作能說明，須觀其全部（長期作品、人品及行誼等）。化約成以下四項，可窺完形風格：

（一）氣勢磅礡，筆力萬鈞，用詞夸飾，行文如江河之有流速，其下沛然莫之能禦，這是讀揚松詩能感受的。

（二）善於營造鮮明的意象，且意象獨特、辛辣、鹹重，一看便知「范家產品」（後文論述）。

（三）因人（朋友、親人）和事（家事、國事、公事）而有詩，不因人事便無詩。（後述）。

（四）李豐楙教授以「嚴謹與浪漫之間」評揚松詩，我補以「真誠與瀟灑之中、春秋之高度提筆、熱情豪邁的俠者。」應是揚松詩作之風格。

風格有高下之別，揚松詩作風格屬司空圖「二十四詩品」之「雄渾、豪放、勁健」。詩人一生創作雖長久，但風格應有連續性，不應「換個位置便換腦袋」，若然，則其人格是分裂，詩品風格也是分裂破碎的。筆者與詩人相交十五載，讀其三十餘年來的詩作，風格始終連續一貫，亦可見「真性情」，真是一路走來始終如一。

二、詩人真性情投射到那裡？

詩人是所有人種中最有「真性情」的人，因情啟動「詩種」。明代鄭之玄的《克薪堂詩集》序曰：「情者，詩之種也。」故詩人須對人事物有真誠性情始能為詩人，失去或欠缺真誠性情皆不能為詩人。真正詩人，其「心、志、情、詩」是合一的，詩大序：「詩者，志之所在也在心為志，發動為詩。孔穎達疏曰：「在已為情，情動為志。情、志，一也。」皆是同理，那麼詩人揚松把這種真性情投射到那裡呢？

第一、在生命中所關心的人事（親人、朋友、國事、家事等）上。〈焚燒的旅程〉寫青年畫家丘美珍，〈浪，淘盡〉致盜刻家張夢雨，〈劍龍〉題西冷印社畫家徐夢嘉墨寶，〈一樹梅花〉賀張霞生日快樂，〈祝賀〉賀葡萄園詩社三詩老八十同壽，〈痛的詮釋〉寫給父親范光南，〈人心隔肚皮〉批判三一九作弊，〈隔空對話〉聲援詩友杜十三欲起義殺害貪官闔揆全家，〈犀牛皮的厚度〉記叁與連署藝文界倒扁。在這些人事上彰顯詩人真性情和詩品境界，如〈磨劍〉勉詩友吳明興攻讀文學博士：

> 起初，因醉酒而誓言尋回失落的屠龍刀／讓刀光劈向魍魎，從此垂釣江湖，無言／／……最後，師父將劍緩緩自口喉插向心臟／用血的熱度，讓自己化成一把倚天劍

詩的意象鮮明而純誠，「警示」朋友，原本手中就有「寶劍」，自己弄丟了，快去找回來。而老友詩人方飛白赴卡達履新的〈送別〉一詩：

> 向阿拉伯的夜空移動，目光凝視／如慧星奔墜，熾烈而默默燃燒／痛，卻快樂著，舉杯三百回／／……樂音鑼鼓未歇，卡達航班未啟程／瀟灑的朋友，我們再乾三千杯

世間人「物與類聚」。瀟灑真誠的詩人與瀟灑真誠的朋友

相交，且熱情豪邁。讀其詩如讀「長江之水天上來、白髮三千丈」，那樣的氣勢動魄，痛快啊！但詩人終究逃不出「生物性」的本能驅動。心理學早已論証過，男人心中最深層的情愛火苗，定會有一個「出口」，而出口對象往往不是自己的枕邊人，而是另一個能「性、情、靈、肉」合一的女人。詩人范揚松個性豪邁熱情且多情，身邊早有「十二金釵」圍繞，不乏紅粉知己，讓詩的意象說話吧！

日子一天天老去，心繫千萬里／胸懷裡夢想的溫度，仍在沸點／咚咚心悸聲響，打亂原有矜持／笑語或可掩飾皺紋，在沈默／狂野之間，我們窺探著彼此身世／／……啊誰解讀行句間，暗藏的密語／以及，模糊卻清晰的身影與羞澀

〈讀情，讀你——記遠方傳來的簡訊〉

這個遠方傳來的訊息很重要吔！讓詩人一顆心咚咚的跳，讓夢長了翅膀，心繫千萬里，他們之間暗藏着甚麼密語。啊！有無限的想像空間。在《青春拼圖》書中，如〈你隱身斑爛色彩裡〉、〈春天的種植〉、〈嚴謹與浪漫之間〉、〈大連，初春即景〉等，都有濃濃的「情味」。事實上，朋友或紅粉，范揚松的情都是真的，如他在跋文言，我藉創作轉化悲喜憂歡、愛恨情仇，每一首詩都是生命的一部份，也是情感的出口。

三、中國文化認同：源源不斷的創作活水

評論現代詩為何要扯上「中國文化」？難不成要搞統獨之爭嗎？非也。詩是整個民族心靈的呈現，中國詩（廣義包涵傳統詩詞和現代詩），正是中華民族整體心靈的共同夢境，中國五千年深層的文學土壤，更是現代詩創作源源不斷的活水，是現代詩

的「母體」。詩人范揚松與筆者同是葡萄園詩刊同仁，我們同行「健康、明朗、中國」的詩風，在文化的認同上毫無一絲懷疑。《尋找青春拼圖》詩作，看得出詩人努力向「母體」挖寶，我以為文化認同是文學的「源頭」，在目前的台灣文壇上，尤其詩壇，有必要進一步闡揚論述，揚松詩作就是一個典範。

當代大詩人與詩評家蕭蕭早說過，未來現代詩必定是：「空間上，是台灣鄉土的關懷／時間上，是中國文化的的認同。」蕭蕭更以為文化是每個民族「安身立命」的永久根基，時空不可兩分、獨存，展望現代詩的新動向、新風骨，唯有在台灣鄉土與中國文化的認知、認同之下，才能堅強有力，由此伸展才有可能產出中國文化的偉大詩人、偉大詩篇！

從台灣詩壇現狀印証，卻如蕭蕭所言。古丁和文曉村的中國風、愛國詩人涂靜怡、佛禪苦行者周夢蝶、儒者向明、林煥彰的詩裡忍不住的呼喚「中國　中國」、非常中國的中國詩人鄭愁予。而流放異國的洛夫，能夠用來充實心靈空間的，還是中華文化，他的長詩〈漂木〉是當代了不起的巨構，但一言詮之，這〈漂木〉所難以擺脫的關注情懷，其實還是海峽兩岸的中華大地。（引葉櫓語）詩人高準在《高準詩集》自序（一九八五年版）寫道，對美的嚮往，對愛的憧憬，對祖國山河的瞻望，是我寫詩的起源。大陸重要詩評家黃翔在總結「高準詩集全編」時說，高準所朝向的民族文化的方向是對的。他所追求建立中華民族獨立和獨創的詩學目標，正是每一個真正的中國詩人甚至整整一代人的共同目標。

誠然，前面所舉的詩人，所以成為當代大家所敬仰共認「大師級」詩人，皆因詩人能以智慧從中華文化深廣的土壤中吸取靈泉活水，才能成就其了不起的詩國偉業。當代兩岸重量級年青詩人吳明興先生，在評論高準「中國萬歲交響曲」時，比觀郭沫若的「鳳凰涅槃」，以高準的詩有對中國的山河大地、歷史文化與人性精神給予全面頌美，而郭詩則無，言下之意，高準詩的成就應高於郭沫若。吳明興總結高準詩的創作，有很高的價值和成就。

前述思維若逆向推論，一個中國人寫中國詩（炎黃血統、用中文寫詩），若因任何因素「去中國化」，是否就不可能成為詩人？答案是確實的，他不可能成為「中國詩人」，連「詩人」冠冕也不可得了，因為他失去了真誠性情，失去他的「原生本質」，舉一例，若洛夫在加拿大配合當地的台獨份子大搞「去中國化」（純假設），他就不再是「中國當代大詩人」了，連詩人也不是了。此種實例在國內確有，詩人路寒袖（本名王志誠、台中人），後搞台獨，為文化局一頂烏紗帽破壞蔣公銅像，以取悅陳菊、陳水扁等偽政權頭目。請問路寒袖還是不是一個詩人？他永遠都不是了。秦檜和汪精衛的詩寫的非常好，但永遠是污吏漢奸，從未有人說他們是詩人，其理相同。

所以，想當詩人其實不難，須要那一點真性情。詩人揚松真實面對自己的原始本質（神髓、血脈、肌理、文化），乃有智慧開「中國文化金礦」，在他的書中有許多如下的意象：孔丘、太史公、屈原、離騷、唐宋、水經注、東坡、唐宋……屠龍刀、倚天劍及傳統詩詞等。這些增加他的詩的深度和廣度，更使他成為有氣節的詩人。

四、范詩創作的兩個特色：意象和氣勢

王鼎鈞先生談「意象」之於詩，是一種「文字的催眠術」，不能產生意象的作家，猶之不能懷孕的母親。可見意象的「製造」，是詩人「夢工廠」中最重要而能代表詩藝的「產品」。所以早在二

〇〇二年我評揚松詩的第一篇論文〈江湖夜雨十年燈〉（刊葡萄園一五三期）時，即指出詩人最善於營造鮮明靈動的意象，且使用最多的意象是燈、光影、碑、山、年輪、酒、鬼和愛等八個。

事隔五年餘，詩人的第四本詩輯《尋找青春拼圖》，又有怎樣的動人意象呢？洽巧在這本詩集的第五篇序，北京師大博士研究生呂佩橙（現任英迪教育集團中國代表），她所撰「內心戲與自我演出：試探詩集中光與火的意象」，通覽整部詩集，光、燈、火、熱是四個重要意象，顯現詩人生命的光熱智慧和動力，他的世界亦如火紅那般燦爛。筆者統計該書八十二首詩，文內含火、光、燈、熱意象者，竟達七十二首之多。因此，勿須再舉例說明，讀者可詳讀看這本詩集。

營造鮮明靈動、光彩奪目或震懾憾人的意象，是范揚松創作現代詩的重要特色。揚松詩作的另一個特色是「氣勢磅礡、穿透時空」，如宇宙間沛然莫之能禦之正氣，且一氣呵成。在《青春拼圖》的八十二首詩中，只有兩首是長詩（夢回童年和天空叫不回一隻鳥各約百行），其他都是四十行上下。每一首詩從主題、布局、段落、用詞到意象營造，展現了「一以貫之」的氣勢，舉例以窺其營造氣勢之手法：

月牙勾破寒夜，一雙眼瞳瞅住——
華麗的春意，在季節的枝椏間發騷
洞天之外，寂靜的喧囂驚醒一枝筆
庭院深深，熱酒蘸墨洶湧一夜狂放
水波跌宕處，激迸縱浪大化的墨漬滿紙

〈讀一夜狂放——記張夢雨贈對聯一幅〉

這首詩的氣勢布局在寂靜之中，在宇宙深處，把一個書法家「心世界」等同了一個宇宙，如同星月大海之運動，真是神啊！另有一位西冷印社書法家徐夢嘉贈《劍龍》墨寶，揚松題詩曰：

飛龍在天，鯤魚想像鵬鳥長飛
逆風遠颺，展翅馱著血紅太陽
鼓動蒼穹，劍般意志越過時空
所有山川河嶽對準角度，靠攏

〈劍龍——題書法家徐夢嘉之墨寶〉

能營造如此氣勢磅礴之意象，必使意象更加靈動的助長氣勢，使二者（氣勢、意象）產生了緊密的互動關係，故能使一首詩讀起來一氣呵成。揚松有不少詩作讀起來有文天祥「正氣歌」的味道和氣勢，寒夜讀之，沛然之氣湧上心頭，對黑暗勢力產生自然的抵抗力。此種正氣凜然的意象和氣勢，其實正是詩人之詩品與人品最大特色，是當代文壇的唯一，他人無從學習或考貝。

五、結構、形式、語言及范詩創意突破之商榷

結構的概念向來有一分法（有機結構Organic structure的統一）、二分法（二元對立）和三分法（頭、中、尾）的不同主張，而以三分法為人樂道。元朝喬吉妙喻三分法曰：「鳳頭、豬肚、豹尾」，並解釋：

> 大概起要美麗，中要浩蕩，結要響亮。尤貴在首尾貫穿，意思清新。（元陶宗儀「南村輟耕錄」卷八所引）

前述三種結構思維，其實不脫今人「前言、本文、結論」或「起、承、轉、合」的邏輯安排。語言的運用應為所有文字工作者的基本技能，如何把最好字、詞、句、段，做最好的組合，成為最好的作品（詩或文章等）。而形式是現代詩和傳統詩最大的視覺差異，尤其現代詩的主要欣賞方式是用看的，側重由視覺喚起的情境效用。（引詩人吳明興語）是故，此處最有須要進一步論述的，就是現代詩的分行形式，因其涉及意象、氣勢、主從、感觀和視覺上的美醜等。

本文所論述風格、真性情、中國文化認同及特色（意象、氣勢），在這些標準上，范揚松的詩品人品都無可質疑，亦無何待商榷之處。惟本段所示「結構、語言、形式」有可商榷（應說突破創新），盡管此三者不過是形式主義所強調，在中國文學並不強調。我國傳統文論，自陸機、劉勰，乃至清代王夫之、袁枚，都強調文章以意為主，字語為之役，意猶將帥也。但現代詩則為中國傳統文學所未有，根本不同就在形式，是我要針對此三者再商榷老友詩藝的緣由，分論如下。

第一、范詩的排列斷句法。研究詩人半生以來的詩作，其每一首詩的排列斷句，大致有兩種方法，舉第一例斷句：

一股令人窒息的熱情
讓我在故紙堆中，追索
真實的意義；土地與人民
何嘗不為日以繼夜思忖的
標向，座標之間，我發現
一隻熟悉的身影，背負典籍
緩緩前進，幾乎叫人驚悸

那是孔丘，抑或父親的影子

〈木偶劇團・太史公曰〉，民七十二年作品。

以上詩行若不斷句，完整呈現是「追索真實的意義」、「土地與人民何嘗不為日以繼夜思忖的標向」、「我發現一隻熟悉的身影」、「背負典籍緩緩前進」。第二種是整句不斷：

磨劍師父，用眼眸丈量它的厚度
火紅的炙熱，逼迫視線後退千丈遠
勢必錘鍊到薄如佈滿經文的一頁紙
想像；庖丁解牛在筋骨間，逍遙

〈尋找青春拼圖・磨劍——勉詩友吳明興攻讀文學博士〉，二〇〇五年。

以上是「范式現代詩」的兩種排列分行法，數十年始終如一，兩種方式都會出現許多標點符號，當代詩壇有不少主張現代詩不用標點符號。

第二、千百家寫現代詩的作家，唯一相同之處是形式（分行排列），其「形」看似不變如一，但若深研分析，各家都不同，包含我前述舉例的余光中、洛夫、鄭愁予、周夢蝶、羅門等，范揚松現代詩的排列斷句也是「獨家招牌」，不信讀者可自行做更多比較觀察。惟就范揚松現代詩而言，我追蹤研究他三十年來的詩作，發現自《俠的身世》（一九八〇）、《帶你走過大地》（一九八三）、《木偶劇團》（一九九〇），至今之《尋找青春拼圖》，對任一首詩的布局，已有了固定「規格」。也就是說，在分行排列、語言、斷句、結構等形式上，他「一路走來始終如一」，這種一路走來始終如一的風格，在人品詩品上是深值頌美的，但在詩藝上是否有待商榷呢？是否在不知不覺間制壓了創意和創造力呢？

第三、形式主義曾有一個重要的觀念，「陌生化」（defamiliarization）進程。強調對抗語言、美感經驗的磨損，打破固定的慣性和常規，使日新又新，讓作品永保「新鮮」。因此，文學創作要有「破壞性建設」（Constructive destruction）的構思，不斷構思顛覆、否定、超越，以超越自我甚至前賢。以達文學創作的最高境界，惟顛覆只是一種「手段」，並非創作之「目的」。準此而言，揚松詩作在形式規格上，數十年來始終如一，確實制壓了創意。

以如此「嚴苛的水平」評量老友的詩藝，希望不要給他製造太大壓力，因為他並非專職或專業的文學創作者，但我仍期許他攀上文學最高峰。

六、小結：桃李春風一杯酒

本文企圖從全方位「完形」賞評研析老友企業家詩人范揚松的半生詩品，半生以來雖謙稱是個生意人，但他確實對現代詩有過一段「江湖夜雨十年燈」的辛苦鑽研。當民國九十一年我出版詩集《尋找一座山》時，揚松為我提序，標題：〈詩，沒有盡頭：序陳福成創作集〉，詩的末段：

我面壁十年，孜孜鉤勒光影的樣貌
午夜靜中，飛天身姿破牆而出
旋飛如激湍，筆勢曲折狂亂不已
一次又一次描摹，卻卻終成敗筆
蠱，仍緊緊咬痛輾轉難眠的夜……

民國九十一年七月七日，反日寇侵略戰爭六十五週年紀念日，在台北。

就是這樣，雖言為我提序，說的還是他「面壁十年」的苦楚熬煉。但到二〇〇八之春，我讀《尋找青春拼圖》，感覺上已是「桃李春風一杯酒」。為此揚松總結自己半生對現代詩的修煉，提出他的詩觀，即「詩要有生命積累的厚度，不可無病呻吟！詩要有金門高粱的濃烈，不可淡而無味！詩要有自我規律與嚴謹，不可亂無章法！詩要形式與內在機理統整，不可技巧浮濫！」這是揚松的詩觀，創作是生命的延伸，也是不斷與自己、與親朋、與家國社會的對話過程。詩品即人品，詩觀亦是人觀，人到中年該有的都有了，想做的事應也完成了，包含詩創作，如《尋找青春拼圖》，他找到了，心境才有如黃庭堅那般春風得意。

但，「詩，沒有盡頭」，我仍期待老友「超越自己、顛覆自己」，再創當代詩壇新風潮，展現新境界，讀者甚幸！

本文參考書目

1、范揚松，尋找青春拼圖，台北：聯合百科，二〇〇七年十二月一日。
2、高準，高準詩集全編，台北：詩藝文出版社，二〇〇一年十二月廿三日。
3、吳明興，華美整飾的樂章：論高準「中國萬歲交響曲」（論文，尚未發表）。
4、蕭蕭，現代詩縱橫觀，台北：文史哲出版社，民國八十九年二月。
5、王鼎鈞，文學種籽，台北：爾雅出版社，二〇〇三年八月二十日。
6、張春榮，文學創作的途徑，台北：爾雅出版社，二〇〇三年九月二十日。

（刊載《葡萄園雜誌》，一七八期，二〇〇八年夏季號）

莫云《推開一扇面海的窗》

流光流轉、山水正好、夜在他鄉、心的風向、今生有約並在轉捩點上。莫云「推開一扇面海的窗」後，讓我們看見六組意象典雅、形神兼備的心詩風景。

我試着解意看象，讀莫云，不能光解語讀詩，她這個人「心之所動、筆隨意走」。因此，解意看象才是重點。有情男女無不追求愛情，怎的！在人生的「暮色」時，「教人回想起漸層的愛情／漸漸忘了／如水淹來的涼意」，別過早定論吧！只是有些情是要沈澱，甚至拔除。

當妳「迴風」回顧前塵，「曾經一步一留連的／愛恨嗔癡，紛紛回歸／無終無始的太初」。是啊！把這些「欲」制壓在潘朵拉的盒子裡，混沌的幽冥中，別讓「牠」竄出。難啊！比登天難。如此修煉，希圖入定。奈何我們是凡人，而那時光，人在異鄉，整個人「枯」了，晚風「在我心口打起漩渦來」，到北海道、哥倫比亞、紐西蘭、威尼斯解悶，鄉愁找不到解藥，如洛夫成了一塊「漂木」。最後，只一碗我的春茶，「就破解了／鄉思的沉沉孤悶！」

還有，那「異鄉月」，怎麼看「都像失血過多的鄉思／一臉蒼白地／仰躺在／唐詩宋詞的扉頁上」。去國多年，羈旅歸鄉仍有些「失焦」，「土地廟前爐香未斷／榕樹下那盤打盹的殘棋／猶未了局」。人生多麼的詭異，想要一推窗就看到海闊天空，要待何時？或要怎樣的修煉，此刻紅塵俗務紛纏，我該「忘」記一些，「選擇性的遺忘／忘記昨日／忘記質變的愛情」。

歲月帶妳成長，過程中有多少困境要突破。「在夢的邊境流連」，「數不清多少長夜／總是在黎明來臨之前止步／擁著殘夢／在睡與醒的交界浮浮沉沉」。不管走的是直線或拋物線，妳的智慧定能把自己置「在轉捩點上」，「靜靜等待一個陌生的跫音／重新落定」。此時，一顆心蹦蹦的跳，當推開一扇面海的窗，所見已非鄉愁，而是彼岸不遠處亮起的燈火。即將枯化的沙漠，又見綠洲。

一樣的月，月光變得有情，「夜無眼」，「滿天閃爍的心願／夢，因此發亮了」心中且又釀起甜甜的詩意，想着、想着，飲自己的夢，竟也醉了，就睡了。

妳像一隻蟄伏許久的蟬，被春雷驚醒，如今更已蟬脫，一「甦」活，「所有褪盡鉛華的枝椏／都要重新盛妝／／所有蟄伏的心情／都要振翅／高飛」，盡情的飛吧！

莫云「推開一扇面海的窗」，你看到甚麼？你也許甚麼都沒看到，記住！她「心之所動，筆隨意走」。隨其意望出，海闊天藍，如今莫云拈詩，眾人微笑。

莫云：本名宋淑芬，台大中文系畢業。曾任國中教師，旅居美國多年，獲教育部、中央日報、梁實秋、北美華文作協等文學獎。著有短篇小說集《彩雀的心事》、《她和貓的往事》，詩集《塵網》。她目前是「秋水詩社」同仁，《推開一扇面海的窗》（秀威資訊，二〇〇八年四月）是她的最新詩集。她是極有才情的女作家、女詩人，不信！讀她。（本文作者註，二〇〇八年）

（刊載《青溪論壇》，二〇〇八年十二月）

賞琹川《風之翼》

——留連於自然花林的仙女

賞讀琹川最新詩集《風之翼》（秀威資訊，二〇〇七年十一月），左思右想，這是一本怎樣的詩集？名家張默有他的解讀，我有我的喜愛和品讀方式。

像一位仙女留連於人間自然花林，忘了回到天庭；也有走進「侏儸紀公園」的感覺。

首卷「瓶中詩」，瓶中裝有八首詩，這又是怎樣的瓶子。原來瓶子是一個世界，一個宇宙系統，更是地球進化史上的一個花林。虛無縹緲間，有月色星光，松枝在雲海波動中展姿，小徑有向日葵、桐花、玫瑰，偶有蟬鳴；而各類飛鳥、雪蝶和夜鶯，輪留在舞台上演出。

妳的瓶是一只「乾坤瓶」吧！否則怎裝得下天地？對啦！妳始終保持空空，故能瓶裝一切。

這花林是屬於妳的，不！是妳創造了這花林，故說「一個人的風景」，妳留連於景中的世界。又是一景，茉莉花、五節芒、金露花、山櫻與水蓮，日月星辰與海洋進行着永恆的對話。花林中的朋友更熱鬧了，蟬蝶鳥群外，又有鷹、蝸、蛙和各類水生動物；當然，這時的珊瑚美極了，未曾污染過。

在「印象抒情」裡是怎樣的風景？也許妳的自然花林進化了。迷迭香、蝴蝶蘭、相思花和咸豐草，都已經很近代，更流行養寵物，貓咪、白蝶、白頭翁和紅蜻蜓，也有很酷的瘦馬和蛇。在「短歌行」裡，大草原上滿是百合、薑花，魚螺外有黑鳳蝶。這是一座能穿越時空的花林，仙女乘「風之翼」，留連穿梭，忘了回家。

花林進化到有人類的世紀，便有了災難。「當陽光吻醒了五角大廈……轉瞬間！崩燬／熊熊的赤燄燒出了撒旦的詛咒」。啊！人類毀了自己的世界，仙女，妳還留連嗎？「讓哀傷隨同野薑一起凋落吧！」

妳的花林還真廣闊，遠到天池、洱海、瀘沽湖、伊梨河、龍頭山都算是，且將「相思」種在龍頭山。而西王母與周穆王在天池相會，妳也恭臨其盛，都幾千年前的往事，妳依舊青春秀麗，是寫詩才讓人不老。

留連於花林的女子，妳乘「風之翼」，站在一個制高點，體察生命並靜觀萬物，亦了然世間生離死別與災難。這一切是苦是空，花林亦虛亦幻，惟以詩詮之最美。

琹川：本名洪嘉君，輔大中文系畢業，現任高中教師，獲全國優秀青年詩人獎等十餘獎項。著作有小說、散文、詩集多種，《風之翼》是她的最新現代詩集。廣州八景之一的龍頭山，在其廣大公園裡立了一百座大理石詩碑，每一詩碑後皆新種一顆樹以為記，因而成蒲桃詩林，琹川的名作〈相思〉一詩，亦刻列其間。「戀戀龍頭山」詩誌之，仙女恐已忘了回天庭的路。

（本文作者補於二〇〇八初冬）

（刊載《葡萄園詩刊》，二〇〇八年冬季號）

淡淡的懷念，濃濃的愁

——我心中的文曉村老師

文曉村老師走了，不那麼突然。《葡萄園》第一七六期中，有文老師「八月，我將遠行：給愛妻」，正是他的告別詩，但我仍有著淡淡的懷念，濃濃的愁。

文老師住院期間，許多各界詩人，包括范揚松、吳明興和我等，都到醫院看望這位長者。他雖已不能言語，德高望重之神情猶在。我認識文老師不過是近幾年的事，但他的道德詩文和人格風範，很快能吸引我。二〇〇六年間，我以文老師的故事寫一

首詩，刊《文學人》，題名〈朝鮮風雨情〉，事後並未告知文老
師，今重抄並遙寄〈祭〉他老人家：

朝鮮半島那陣狂風暴雨
早已遠颺
五十年來卻仍有些風風雨雨
千百遊子戰將依然漂泊
還好，斷斷續續中有
雲淡風輕
讓人民過幾天安靜的日子
如今又有些微風細雨
一圈圈漣漪重織往日被割裂的夢
那是你這輩子最刻骨銘心的一段情

一陣風雨牽動一份情
何嘗不是今生最淒美而壯烈的情話

我對文老師的敬重，除他的道德詩文風範外，還有他對葡刊和兩岸文化的貢獻，以詩文交流為兩岸「建橋」的努力。他用生命在進行這些「大工程」，包括去年八月的青海行。所以，他走了，那份淡淡的懷念，濃濃的愁，始終揮之不去。我再從筆記中抄幾首有關文老師的「類傳統詩」，讓我們永遠懷念他，並向他學習：

國共兩軍文曉村，一尊木訥的靈魂，
兩岸詩壇葡萄園，健康明朗中國文。
青海遠行先告別，叮嚀愛妻一些些；

母親懷裡怏慰躺，碧海藍天魂陶冶。
淡淡懷念濃濃愁，葡萄園裡藤藤揉；
文老一走大柱抽，後生小輩壯吾國。

（刊載於《葡萄園詩刊》一七七期，二〇〇八年春季號）

從春秋的高度提筆

——賞析范揚松教授詩集《尋找青春拼圖》

為甚麼把詩人范揚松教授創作半生而遲至今日方纔出版的詩集《尋找青春拼圖》，定位在「春秋」的高度呢？

所謂「春秋大義」或「春秋正義」，這種正義價值決定中國歷史文化的流向，凡是違背這個流向的統治階層或論述，都會受到嚴厲的歷史批判。故有所謂：「孔子成《春秋》，而亂臣賊子懼。」

老友詩人范揚松博士，也是兩岸企業顧問培訓名家，澳洲南昆士蘭大學ＭＢＡ學程教授，大人物知識管理集團暨瑞士歐洲大學領袖標竿學院執行長。在他眾多領域的著作中，在文學方面，尤其現代詩的耕耘，至即將出版的這本《尋找青春拼圖》，這一路下來的核心思想，為甚麼定位在春秋的高度？我要從詩人的成長和創作背景來追述，為讀者朋友們剖析他的心路歷程。

詩人范揚松十餘歲稚齡，曾在暗黃燈下，受漫畫《四郎真平》、《機器人》等影響而緬懷祖父抗日義行，並繪插圖十幅，撰文約三千字（參閱《中外華人詩人辭典》）。請注意！十餘歲的小朋友，怎知日本人侵華、侵臺是「不義」的惡行？又怎會以他祖父為角色作為投影呢？春秋正義能成為人民的「生活」，耳濡目染，內化在小朋友的認知中，必有其家族源流之背景。

後來詩人長大，二十歲考取政治大學企業管理學系，加入長廊詩社，似懂非懂開始閱讀海耶克《到奴役內之路》及內聖外王「新儒家」相關著作。二十一歲以〈黃帝〉一詩獲全校創作首獎，同時〈尼山禮讚〉獲香港孔聖堂徵詩第一名，二十三歲時，長詩〈永遠的旗幟〉獲第十六屆國軍文藝金像獎長詩獎，並由黎明出版社出版；隔兩年，〈風雪大辯論〉再獲第十八屆國軍文藝金像獎長詩組獎，又次年，即民國七十三年，以最年輕者榮膺全國優秀青年詩人獎，真可謂才華洋溢，英雄出少年。民國七十三年長詩〈太史公曰〉發表在《葡萄園詩刊》，詩云：

如我此刻，溫習著
孔丘的春秋大義，朗讀
《詩經》的興、觀、群、怨、歷經
無數時序的編校之後
…………
一隻熟悉的身影，背負典籍

緩緩前進，幾乎叫人驚悸
那是孔丘，抑或父親的影子……

此刻，詩人的筆落在《春秋》的高度，「身為史筆，能不驚覺／他們走過歷史道途的真義／巍峨的典型，不時浮現／我為之立傳，為之抗辯／猶如我的堅決，而留下亙古／戳記，作為一名史筆的……」

這一路追蹤，詩人從童年、青年到現在的壯年，始終站在春秋正義的高度，與廣大的人民群眾站在一起，批判腐敗、不義等罪行，尤其是西元二千年的政權移轉，促使我們的詩人不僅站在《春秋》的高度，且增強對弄權者的批判力道。

詩人年輕時參與反對貪腐運動甚深，而曾對黨外運動寄予廓清形勢的高度期望，當西元二千年臺灣政權輪替，本以為一向標榜「清廉」的民進黨上臺，可以讓政壇有一番新氣象，但沒想到其腐敗速度之快，吃相之難看，經濟空轉史無前例，真是叫人痛心！詩人透過詩的張力，展現對政客深刻的批判力：

政客與蕭條是歲末年初，相互
糾纏取暖又相互咬噬的雙頭蛇
潛伏在每個政客虛嬌身段裏
瘟疫般，腐蝕著期望的眼神
表情僵硬，仍儼然作之君作之師
巨大魅影如乾冷氣團壟罩全臺
那蛇蠍逕自五臟六腑，倉惶竄出

（春光乍現——記二〇〇一蛇年之初）

以上「蛇蠍」、「魅影」、「瘟疫」、「雙頭蛇」等，指的正是政權輪替後的獨派執政者，是經濟的瘟疫，是台灣社會的蛇蠍。中國歷史上有氣節的史官，面對這種統治階層。都能不顧性命，秉筆直書。到二〇〇一年（五二〇新政府週年誌），詩人再秉春秋之筆：

聲嘶力竭的戲碼，懸掛「羅生門」
招牌，卻在慾望洶湧中搖搖欲墜
臣服與背叛的劇本，依然脫線演出
潘朵拉寶盒裏，個個展現妖魔身段

（聽見，夏天在唱歌）

詩中的「羅生門」，指的是《新新聞》「嘿咻」報導事件，也可證明於以後的「三一九槍擊案」，在議論紛紛中全國幾無寧日，靠這種方法拿下政權，臺灣社會焉有不亂？所以從那時開始，政壇上或社會上個個展現妖魔身段，不知人民何時覺醒？不知人民眼睛可是雪亮的？

九月秋決，刺刀下的憤懣如熔岩
等待號角，等待爆炸，等待迸濺
焚向凱達格蘭，焚毀藍天綠地
出草啊出草，將魍魎殘破的頭顱
擊向當權派，因為世界不甘走到盡頭

（當世界走向盡頭——詩援百萬人民倒扁運動）

詩人為詩作註，寫於二〇〇六年八月二十日，自電視臺及晚報知悉軍警將以六千具刺刀拒馬對付百萬倒扁群眾，心中頓然義憤填膺，奮筆題詩，盼為貪腐政權留下可恥記錄。筆者還記得，「天下圍攻」前一晚（十月九日），我和揚松兄、台客兄，在臺北火車站的倒扁總部上朗誦詩歌情緒昂揚，事後詩人有詩追述：

等待——拉滿一張弦，喉音迸裂
射出，箭般擊向危顫顫的高樓
鑼鈸的躁鬱，將夜色敲得驚心
一字一句，連番撲進紅紅焰火
燃燒的意象，灰燼埋有火種

（紅花祭——記葡社詩友登臺朗誦）

那晚，我們在臺上吶喊，發射心中的不平，以詩句為彈藥，射向風雨飄飆的總統府腐敗墮落的統治者。當然，古今中外的統治階層不會因人民的反抗就自動下臺的，但至少給已經成為「洗錢中心」的扁政府顏色看看，人民也是不好惹的，連詩人作家都上街頭了。

在「紅花祭」的季節裏，詩人始終提其春秋之筆，與人民站在一起批判貪腐政權。在〈以圍城之名：擬攜妻兒參與天下圍攻〉一詩：「有人盤據貪腐王國，恣意掠奪財寶／有人在利誘下踩爛貞操，叫賣靈肉。」把被人民痛恨的不法政權，以筆為刀，在陽光下剖析，讓人民看清貪官污吏的嘴臉。

我在寫〈江湖夜雨十年燈：評詩人范揚松近十年作品〉（一九九一－二〇〇一）時，提到范詩屬於想像意象明確、章法嚴謹豐富，旋律感較弱（見《葡萄園詩刊》，一五三期，民國九十一年，春季號）。但後來詩人寫有不少批判詩文，旋律感顯得明快緊湊，這可能是激情昂揚的關係。

以讀者的角度欣賞范詩，吾人以為「意象」的經營是詩人最大特色。在〈江湖夜雨十年燈〉一文中，筆者曾解析詩人常用的八大意象：燈、光影、碑、山、年輪、酒、鬼和愛。近年社會現象批評嘲諷，使用頗多「魍魎、蛇蠍、魅影、雙頭蛇、妖魔」等，均意象鮮明而引人可怖，如〈五二〇新政府週年誌〉：

爆烈為猙獰的火山，刀劍閃閃
恣肆揮舞，在春夏雜交之際
刀鋒邊緣，魍魎身影自鋼索上
竄逃……

詩人光是意象的運用，即將貪官污吏、牛鬼蛇神政權打入十八層地獄，欲其永世不得再造孽，這就是春秋正義的力量，「董狐之筆」的氣節。而這種氣節，也正是老友范揚松的寫作、為人和經營事業團隊的風格，能不為文禮贊乎？

《尋找青春拼圖》是老友范揚松教授出版的第四本現代詩集，前三本依序是《俠的身世》（一九八〇）、《帶你走過大地》（一九八三）、《木偶劇團》（一九九〇）。我一路讀下來，發現詩人的「春秋高度」有愈來愈高的趨勢，是不是我們所面對的時局愈來愈不可為？竊國賣臺集團愈來愈偏離民心！人民的痛苦日愈加深！社會日愈「叢林化」！

太史公曰：「國之將亡，賢人隱，而亂臣貴。」這不就是我們所看到臺灣社會的現狀嗎？

對此，首先感到憂心的是中國傳統知識份子，范仲淹所言「先天下之憂而憂，後天下之樂而樂」那份心懷，在他的第三本詩集

《木偶劇團・序詩》：請你讀我「也許是我學俠學儒後，脈絡中／埋伏的濤濤血統與悲憤」，這不就是最原始的「證據」嗎？

再者，詩人是所有各類型作家中，最有「真性情」的一批人。評論家孟瑤曾說：「詩人沒有真性情，何得稱之為詩人？」曾獲諾貝爾文學獎的法國文豪紀德也認為，真誠是文學、道德和為人的最高守則。這也難怪詩人的「春秋高度」愈來愈高，下筆就愈俐落，有庖丁解牛游刃有餘的痛快感。

人生能有一位俠者、儒者且永遠心懷春秋正義的朋友，何嘗不是身為老友的我，感受到另一種圓滿和收穫。

欲與俠者、儒者為伍為友，請讀《尋找青春拼圖》；想聽亂世忠言和正義詩情者，也請品讀《尋找青春拼圖》。

（刊載《葡萄園雜誌》，一七六期，二〇〇七年冬季號）

賞析台客、子青、莊雲惠三家詩想對於「葡萄園宗旨」之實踐

一、前言

每位作家大概都有些寫作偏好或稱風格吧！我常寫些「比較研究」的東西，可能受到在空大講「比較政府」和「比較憲法」多年的影響，不久前寫的〈綠蒂與涂靜怡比較研究〉，讓我對兩位詩人有進一步的理解，多了兩位學習對象。最近一年來，有三位「葡刊」詩人分別送我詩集，這三本詩集又成了我皮包內的「隨身物品」。

南來北往，上下課或午休，我總愛翻些「閒書」，有心無心的看、看、看，發現這三本詩集明顯的實踐了葡刊的三大宗旨。因此，以下我把三家詩想同台賞讀，看他們如何實踐「組織」之宗旨，而達自我實現，並就教各方詩家先進。

二、莊雲惠《歲月花瓣》的健康內涵

何謂「健康」？又何謂「不健康」？想必也得有個標準說法。根據葡刊創辦者之一的文曉村詮釋，以愛為中心，以真善美為依歸，該是一切文藝創作的規範，對一個獨善其身之士來說，能夠自由自在，抒發一己之情懷，也就夠了。但對於一個具有愛國心、時代感的詩人來說，他必須走出小我的圈子，介入現實的社會，體驗大我的生活，歌頌真理正義，痛斥虛偽邪惡，發獅子之怒吼，作中流之砥柱，具有健康的內容，才是健康的作品，顯然文老師定義的「健康」是有層次的，我姑且稱「小我健康」和「大我健康」兩層；反之，即「不健康」，可能即腐敗墮落。

莊著《歲月花瓣》除序文篇、跋文篇外，內文有「燕想」、「溶心曲」、「貯情」、「千絲」、「長願為你」五卷，將近百首詩。賞讀她的詩，我的領會大致如梁雲坡說她得之於「才情」，「餘韻無窮」；如薩仁圖婭讚美「雲惠的詩如同她的人一樣的至真至善至美」、「雲惠靈魂高潔且超凡脫俗」。而我的解讀除真善美的感受外，也和文老師所說的「健康」做連結，且屬「小我健康」層次。較有商榷之虞，是這本詩集中有許多「我」，初看似乎不夠健康，舉例：

我是一葉飄蕩的扁舟（三峽采風錄）
我是迷失在你浩瀚中的／一粒／微塵（心羽）

我像一個脫隊的音符（燕想）
我是一枚嘆息的落葉（遙遠的飄逸）
我是不願歸隊的／一朵浪花（無涯之思）
我是獨立曠野的一莖蘆葦（蘆葦之歌）
我是一隻嚮往單飛的雁鳥（晨語）
原來，我才是風箏（行前）

這些個「我」，按文老師的序，認為「莊雲惠因其內心世界的孤獨寂寞，便自自然然地會反映到她的作品中。」我以為那是作者經數十年人生體驗，與環境「鬥爭」至今找到的暫時「平衡點」；假設未來她有機會成為「大文豪」級的作家，她便不會說「我是不願歸隊的一朵浪花」，而說「我歸隊成為制高點的浪花」。所以，這些「我」是她對當前處境的嘆氣，並非是孤獨寂寞，本質上世間所有人都是寂寞孤獨的，只有程度之別，誰不孤獨寂寞呢？

莊雲惠一介小女子，面對艱困的環境，仍勇於抵抗、鬥爭並超越，進而昇華成真善美的詩章，正是一種積極、健康的表現。倒是「大我健康」這部份在她的詩集並未展現出來，因為她不是這「型」女子，所謂「介入現實社會，體驗大我生活，歌頌真理正義，痛斥虛偽邪惡，發獅子之怒吼，作中流之砥柱。」鑑湖女俠秋瑾正是此型的典範女子。故秋瑾成清末「三才女」之一，另二人是吳芝瑛和徐寄塵，這三人曾交換蘭譜，以生死相托。

一九九四、一九九五、一九九七、一九九八、一九九九年國防部聘為國軍文藝金像獎新詩類評審委員；二〇〇五年國防部聘為慶祝「抗戰六十周年」全民徵文評審委員；曾任中國文藝協會理事，獲獎甚多；二〇〇二年榮獲國際炎黃文化研究會龍文化金獎「突出成就獎」。（紀錄仍多從略）

當分離主義政權操弄「去中國化」之際，少數詩人作家聽到「中國、炎黃」，避之唯恐不及，以利向政客示好。莊雲惠仍以炎黃為榮，扛起「中國」這塊掛了五千年的招牌，她是用工作，力行實踐「大我健康」。

三、台客「與石有約」的明朗風格

何謂「明朗」？也得略述。據葡刊的創建史，在〈創刊詞〉已提出，針對當時移植西洋詩的反制，「食洋不化」而導致晦澀詩風的糾正。到一九七七年十一月十四日，文曉村老師應邀出席台灣師大國文學會和噴泉詩社聯合舉辦的「現代詩座談會」，也提出明朗化的主張。在「揚子江」詩刊第六期（二〇〇六年），劉章先生的卷首語「為老百姓寫詩」短文，寫一般老百姓看懂的詩，我認為是明朗的最佳解釋。他說「為老百姓寫詩，就是寫老百姓關心的事情，就是千方百計讓老百姓懂，讓老百姓記住，讓老百姓運用，這就是詩人的使命和責任的堅守。」

台客近著《與石有約》詩風就合乎明朗化宗旨。（讀台客其他著作《見震九二一》、《發現之旅》、《星的堅持》等，他可謂「明朗」宗旨的力行實踐者。）在《與石有約》這本詩集中，有兩首小詩，不僅明朗，而且有趣、可愛，立即被我拿來「臨帖」摹仿，其一〈這一位小帥哥〉：

這一位小帥哥／以悠雅的姿態／倚在一顆巨石上／／夏的赤焰高漲／河水多麼清涼／他展露迷人的笑容／／他是我的兒子／既聰明又乖巧／那年他九歲

詩有三段九行，附有小帥哥照片，明朗、可愛、逗趣。其二〈河牀上〉：

河牀上／怪石嶙峋／河水清涼／遊客們紛紛前來戲水／／一個小女孩／坐在大石上／她長得多麼可愛／她笑得多麼迷人／／這位小女孩是誰？／她是我的女兒／那年她四歲／愛哭又愛跟班

詩有三段十二行，這首詩也曾刊行在大陸「鳳梅人」報，可見是有「市場」的，詩中附照片那位四歲「愛哭又愛跟班」的小女生，如今應是婷婷玉立的廿五歲大小姐了，恐怕早已「不想」跟班了。

當我讀這兩首可愛小詩時，葡刊賴益成兄正在製作一七五期的封底內「懷舊本事」，要我提供詩和照片。那首「春秋戰場」開頭：

那年，我大約八歲，大妹五歲，小妹三歲／我們是武林
中年紀最小的俠客／……

當我思考著「春秋戰場」一詩如何開筆，立即想到「台客
風格」，便明朗的說「那年，我大約八歲……」。我讀唐詩李杜
風格也是明朗的，西方雪萊名句：「如果冬天到了，春天還會遠
嗎？」艾青的名句：「為甚麼我眼裡常含淚水？因為我對這土地
愛的深沉。」都是明朗好詩，老百姓讀得懂的詩。《與石有約》
尚有一首最能和我產生共鳴的詩，〈我是一粒石頭〉：

我是一粒石頭／又堅又硬／躺在激湍的河床上／／風來
襲我／雨來打我／甚至空中那隻飛鳥。／灑落幾滴糞滴
在我身上／我都不在乎／／我始終報以微笑／對嚴酷的
風雨／對和煦的陽光／對無知的群鳥／對多情的流水／
／我始終報以微笑／且把臉龐／迎向前方

這首詩淺白明朗而意境無窮，意象鮮明。一層寫客觀世界中的一粒石頭；次層寫他自己的堅持，包括堅持新詩創作數十年，堅持「健康、明朗、中國」的正確路線；第三層最高明，數十年來的那些攻擊他的人〈鳥糞〉，他根本不在乎，報以微笑，「且把臉龐／迎向前方」，台客根本懶得理那些人，只管走自己的路，這種風格和我有些相似，某個角度看我也像一粒石頭，又堅又硬，且台客又曾送我一粒石頭，故共鳴很深。

四、子青《子青自選集》的中國意識

何謂「中國」現代詩？文老師在「建設中國風格的新詩」中已有論述，指中國的現代詩應有中國文化思想的特質，有現代精神，使現代詩成為中國的現代詩。另一位也是葡刊創辦人的已故詩壇前輩古丁先生也認為，「詩是民族的心聲」，他對中國的作家有兩點期勉，第一是必須走中國路線、中國風格、中國思想、中國精神；第二要有成為作家必備的風骨與品格。相信凡是用中國字寫出任何形式的文學作品，都要有「中國風」，否則，何益、何用之有？

筆名子青的張貴松先生，我素未謀面，讀過他的兩本詩集，《記憶的煙塵》和《子青自選集》，這兩本基本上是他的生活日記和人生體驗，詩想內涵為何被我定位在「中國意識」？他是葡刊同仁，對「中國」是認同的，無庸置疑。再者，「子青自選集」由香港銀行出版社出版發行，出版前言標示出「中國是有五千年燦爛歷史的文明古國，也是詩的泱泱大國……體現出中國當代詩的價值和歷史尊嚴。」選集中的詩當然也表現這種內涵，幾首甚為突出，如〈月餅起義〉：

貪吃的嘴巴／趁月亮被烏雲阻絕的時候／想獨吞當紅的月餅／但它忘了老包的臉也是黑的／被血盆大口驚嚇的月餅／招牌的微笑／已經皺成凹凸不平的山河／甜甜的餡心頓時苦楚／月餅不甘這樣消失在世間／它向月亮發誓／它要揭竿起義／它一定要無耳無心的貪嘴／在亮晃晃的秋月下／懺悔／還我原初的美麗

詩作背景是去年紅杉軍運動時，標題借用明代朱元璋起義革命的典故，喚醒漢人民族精神，推翻貪污腐敗的異族統治。子青借典故提示分離主義者是異族（去中國化後即非中國，即是異族），再者獨派執政者已是貪污腐敗，兩者都失去統治的合法基礎，成為「非法政權」。故「月餅」向月亮發誓，要揭竿起義，推翻台獨非法政權。真是了不起的一支「春秋筆」，在〈抗議〉一詩寫貪腐政權的吃相（應指扁政府和家族的貪污案）：

露出原形比異形更恐怖的人形／吃山吃海吃遍人民的血汗錢／順便吞掉最後一口的真理／……

這是描寫統治者貪污腐敗的現狀，在中國歷史上所謂的「正統」有兩個要件，其一是合乎中國文化的文化要件，其二是統治階層的清廉要件，合於此兩要件才能被全體中華子民接受，也才能是「合法政權」。顯然，現在的獨派統治階層是「不法政權」，子青的詩對不法政權有致命的批判力，正是文老師期許「痛斥虛偽的邪惡，發獅子之怒吼，作中流之抵住。」另外，再「真相」一詩，子青希望大家不要再吵

「三一九槍擊弊案」了，「讓事實成為歷史名詞吧」。也對，生米煮成熟飯了，還能怎樣！就如曹丕篡漢、燕王篡位及袁世凱篡國稱帝等事件，由史家去定位研究吧！子青對台灣的宿命是憂心的：

五月的太陽／將台灣炙成半熟的非洲／失去理性的空氣……向東向西／早已不能自主（五月的太陽）

只能像一座無人的島／在汪洋中隨南風飄蕩／無雲的蒼穹／有著怪怪的笑靨（無理的初夏）

就這樣，《子青自選集》對時政（三一九案後）時而痛批，時有淡淡憂愁。而《記憶的煙塵》則平靜美麗多了，可能多寫於二〇〇〇年到二〇〇二年，當時「三一九案」尚未爆發。自古以來中國的文人始終憂天下之不可為，子青也是。所幸，子青自選集中多數的詩，仍如「春語」、「風語」、「晨歌」等，寧靜而柔和，他「在詩的王國裡，可以作自己的國王，可披靡如英雄，亦可柔情似嬌娘。」

五、小 結

本文不過抓住葡刊三個核心宗旨，賞讀莊雲惠、台客和子青三家詩想，初探三者對「組織」宗旨之實踐情形。據麥穗先生研究（葡刊一五五期），四十年來實際主導「葡萄園」行進方向的主編，自最早的文曉村到今天的台客，先後有十一位之眾，都能堅持創刊的最高原則「健康、明朗、中國」。放眼未來或追憶過去，吾人都認為葡刊所堅持路線是永遠正確的。

再看看當代詩人群像，包括葡刊、秋水等詩社同仁，還有覃子豪、周夢蝶、余光中、洛夫、鄭愁予等大詩人，誰最能寫得出「中國風格、中國味」，便最受敬仰，他的詩也最能流傳，不是嗎？惟當吾人堅持「健康、明朗、中國」宗旨之際，對於逆天而行的「腐敗、晦澀、去中國」者，除了揚棄外，是否也該勇於提筆痛批才合於「大我健康」？就教於各詩家先進。（本文參考資料略）

（刊載《葡萄園雜誌》，一七七期，二〇〇八年春季號）

讀《陳曉昕抒情詩續集》有感

海峽對岸的同胞詩人陳曉昕先生，寄來他的大著《陳曉昕抒情詩續集》（香港銀河出版社，二〇〇四年七月）。對於陳先生，是近年從台灣的詩刊知道一些訊息，其餘所知不多，也因近十餘年來我隱住深山養豬種菜，對兩岸文壇原本認識不多。

從這本詩集基本資料知道，陳曉昕是遼寧黑山人，一九六二年生（小我十一歲），現任盤錦市詩詞楹聯學會秘書長、「盤錦詩詞」副主編、南大荒詩社副社長、南大荒詩歌報主編，著作和得過的大獎頗為可觀，是個積極、敬業的創作者，也應是可敬的作家。我全面掃瞄他這本詩集，全書三百多首詩，概可分：人生路親體驗詩情、中國人情懷、客觀世界人事物禮贊、情與愛頌詩、各地風光抒感、鄉愁與紅塵等七大領域。僅針對鄉愁、紅塵及中國人情懷等寫點感想，並試着解讀陳曉昕這個人。

一、鄉愁再多也不會比海峽這岸的台灣人更多

讀陳先生的詩集，發現他的「鄉愁」特別多，全書有十多首以鄉愁為主題，另有不以鄉愁為主題，內容也是鄉愁，至少有二十首以上的詩寫鄉愁。有愁濃的化不開，有叫人斷腸，〈鄉愁〉（二）：

苦的是那鄉愁的酒／飲了一杯又一杯／愈是神傷愈是斷腸／總飲總是飲不盡／飲不盡那鄉愁的酒

可見詩人的鄉愁還真多，通常都是離鄉背井千萬里，才能醞釀這種濃濃的鄉愁，還有更「嚴重」的，看他「鄉愁」（五）：

現在，鄉愁是痛，我忍，忍／日夜地忍，却難說能否挺得住／現在，鄉愁是病，我醫，醫／請誰來醫？來醫我之憔悴身心

天啊！現在鄉愁成了一種病，這種病只有一九四九年以後住在台灣的中國人才會得，尤以當時來台者為最，但實際上這半世紀來住台灣的人對祖國都有鄉愁，濃淡不同而已。所以，我說我們台灣人（台胞）有濃濃的鄉愁，是正常的，合理的，陳曉昕有這麼「嚴重」的鄉愁是不合理，若無特別原因，必是無病呻吟。於是，我查他的「身世」，他是遼寧黑山人，工作在盤錦市，

這兩地都在遼寧中央地帶，兩地的圖上直線距離約五十公里，婚姻美滿。所以，距離不是產生鄉愁的原因。再讀他〈鄉愁〉（六），可能慢慢接近原因，整首抄錄：

有棵很粗很粗的榆樹／我總想總想再爬／有眼很甜很甜的水井／我總想總想再飲／／有盤很大很大的石磨／我總想總想再推／有架很舊很舊的紡車／我總想總想再搖／／有双很新很新的布鞋／我總想總想再穿／有鋪很熱很熱的土炕／我總想總想再躺／／有頂很圓很圓的草帽／我總想總想再戴／有扇很窄很窄的柴門／我總想總想再開

有匹很野很野的毛驢／我總想總想再馴／有只很早很早的鷄鳴／我總想總想再聞／／有柄很亮很亮的鐮刀／我總想總想再揮／有副很彎很彎的犁杖／我總想總想再扶

／／有盞很小很小的油燈／我總想總想再點／有縷很長很長的炊烟／我總想總想再望

這首詩共有七段，每段四行，每段有兩個「小意象」潛藏着詩人的鄉愁，也能解釋詩人鄉愁的原因和來源。我們可以從詩人的布局，想像詩人小時候住在一個很偏遠的小農家，男耕女織，過着很單純的農家生活，稍長到城市求學工作並成家立業，小農村也因社會發展等各種原因，早已不見了。兒時記憶成為「永恆的鄉愁」，由此來解讀詩人的鄉愁就比較合理。但這首詩若去除所有修飾語，只保留十四個名詞「小意象」，其字數正和馬致遠〈天淨沙・秋思〉相同：

榆樹水井石磨，紡車布鞋土炕，草帽柴門毛驢，鷄鳴炊烟，鐮刀犁杖油燈。

由十四個小意象建構成一首詩，形成完整的意象，表達一個小農家的意境之美，這個「改寫」提供作者和讀者們雅賞。但小農家若始終存在一種美感，過着安靜簡單的生活，又不能「充分」解釋詩人的鄉愁，其中必有「痛處」，〈鄉愁〉（十三）解開鄉愁的秘密：

熟了的高粱／總被鋒利的鐮刀／割得很痛／／舀一瓢下鍋／煮熟了／連湯都發紅了／／遙念那片／十年九澇的故鄉／心刀割般的痛

秘密解開了，鄉愁為甚麼讓詩人痛，讓詩人斷腸，讓詩人憔悴。原來詩人的故鄉十年九澇，陳先生必是很小就到城裡讀書謀生求發展，四十年前的中國農村是很艱困的，生存困難又十年九澇，難怪陳曉昕鄉愁成「病」。

但我仍強調，半個多世紀來住在台灣的中國人有更多更濃的鄉愁，至今仍活在「夢幻國土」中。而事實上，五十多年來不知有多少大陸來台老兵和眷屬，早已因得了「鄉愁癌」而死，不知死了多少人！所以我說陳曉昕的鄉愁再多，也不會比海峽這岸的台灣人更多吧！

二、紅塵歡場與社會現象顯露國家發展隱憂

陳曉昕的詩集中，也有部份作品在無意間「引導」讀者思考更高層次的國家發展方向。其中〈阿莉和她的姐妹們〉是由八首小詩組成的詩組，寫一群在紅塵歡場中「賣肉」的女人，寫作手

法很有「故事性」並能感動人，所以有擴展的潛力，例如發展成長詩、小說，甚至拍成電影，必能吸引許多人。看看這八位讓人同情的女人吧！

阿莉：陪了一宿。清晨躺在床上，／却無睡意，這時阿
莉在想：唉，幹到年底就不再幹了……

阿香：阿香已把自己從外到內給出賣了／曾經共同生活
了三年的丈夫和女兒……阿香忘記了。

阿翠：做按摩時被人給「按」落了紅／據消息靈通的隔
牆耳講：此事，／是由洗浴中心的黃總一手策劃
。

阿慧：像一顆流星，在藍天大酒店，／名叫阿慧的川妹
突然就不見了／不知是流浪到了另一個地方……

阿娟：外號美腿兒的阿娟昨夜死了，／在海濱一間豪華
　　的度假城裡……屍檢：在陰道裡提取了精液……
阿文：歌廳裡的常客都稱阿文「小百靈」，／阿文討人
　　喜歡也許是兩片肉感的紅唇……
阿靜：她感到她和姐妹們，／是在從頭至腳的下墜……
　　離入地獄不遠了……
阿美：阿美近來連乳罩也不戴，／身上是又短又透的肉
　　色薄紗。／照着鏡子畫眉的阿美……

阿莉和她的姐妹們至少還有個「營業場所」，雖是歡場也還
能混生活吧！另有一群姐妹可能更慘。〈笑臉〉詩說何種女人：

霓虹燈下的一群妖女／時髦的妝扮比霓虹燈還艷／／對

每位路過的男人／拋着比霓虹燈還色的媚眼／／掙着搶
著上前搭訕／用比霓虹燈還赤裸的花言／／霓虹燈下的
一群妖女／比霓虹燈還值錢的是笑臉

人類自有社會群聚之形成，在進化機制的操弄下，自然的形成「三角形結構」（金字塔），上有領導階層，中者中產階級，下者普羅大眾，而最底層也總有一些人要靠「原始本錢」謀生，男女皆然，如女子當妓女，男子當苦力。古今中外，莫不如是，何怪之有？又那能扯上國家發展隱憂呢？這得要看投入這種聲色歡場的男女「總量」有多少？如果「賣笑賣肉」和「買笑買肉」成為一種社會「普遍現象」，便能肯定的說，這個社會已經「資本主義化」了，有着嚴重的腐敗墮落。陳曉昕所處的社會有這麼嚴重的問題嗎？「商業街」一詩：

無論海鮮酒家，無論訪古茶坊／無論互聯網吧，無論放
像單室／無論歌舞包房，無論情侶木屋／／……那經濟
開發區的四條商業大街／招牌極似妓女裸露性感的肌膚
／站在夜幕下隨時笑迎各位光顧

「國家發展隱憂」在陳曉昕詩筆下，似乎露出「冰山一角」吧！許多去過大陸的人（含筆者）也似乎有一種感覺，大陸「某些地方」確實比資本主義社會更資本主義。若然，普遍性的腐敗、墮落、物化等罪惡的更普遍，恐怕是難以避免了，此應也是詩人陳曉昕心中的隱憂吧！

三、啊！中國，抖就抖出民族精神

果然，詩人陳曉昕對國家社會是很關心的。事實上這也是吾國知識份子的特質，就算是離政治圈很遠的田園派詩人王維、孟浩然，也無不牽掛政局與蒼生。陳曉昕詩集的第一首詩〈新人新歌走進新時代〉唱着：

> 新的時代要有新的面貌／好的人品比那真的商品更重要／穿就穿出中國風彩／抖就抖出民族精神

確實中國民族精神自滿清入關以來，就慢慢的死掉了，死了三百年。今天，吾國民族精神確實又慢慢的甦醒，但並未全醒，因為很多人尚未醒來，所以詩人以其詩筆推動國家發展的巨輪，在〈點擊中國〉一詩：

你以中華古老字號發揚光大／你以民族現代意識樹立品牌／你以立體交叉全面開放空間／你以快速轉動市場經濟輪子／……你以計畫人口優生繁育子孫／你以水渠灌溉田地收獲五穀……你以和平促進陸島早日歸一……

〈點擊中國〉是一首五十多行的詩作，全面頌美五千年中國，自「你以甲骨鐫刻華夏文明滄桑」始，到「你以電波數碼信息聯網環球」止，可謂用詩歌形式寫成的「中國全方位發展計畫書」。另外，像〈哪一邊是他的〉、〈今夜，我忽然想起陳〉等詩作，不僅表達了詩人對兩岸政局的關心與看法，也是發人省思並有深刻批判力之作。而〈致日本某些人士〉一詩，是代表全體中國人而寫，照抄如下：

把甲級戰犯當成神來供奉／還起了個中聽的名字靖國／是誰撐傘冒雨前去參拜／不顧反對的聲浪似海／／面對血淋淋的侵略行徑／不但不正視還胡編亂寫／是誰把歷史的教科書篡改／不顧事實顛倒黑與白／／若連島內都紛紛譴責／又如何取信于友好鄰邦／是誰妄想為軍國主義招魂／在這和平與發展的時代

相信活在二十世紀，及廿一世紀以後無窮的中國子民，永遠不會忘記鬼子倭奴為中國人帶來的災難。根據在中國大陸做的民意調查，就在廿一世紀內，日本尚有可能侵略中國，若然，則中日難免又有一戰，這是否對未來太悲觀了，就當做我們對自己的警惕吧！

清末以來吾國子民的自卑、崇洋心理已漸漸遠離，民族自信心已經恢復，在陳曉昕詩集看得到，中國詩人群像裡，田間「給青春中國以朝氣」、王一桃「有一顆中國心」、臧克家「是建構中華詩歌華厦而流汗的拉鋸人」、舒婷「以希望的飛天頌贊親愛的祖國」，而詩人苗得雨「你的詩／扎根／在民族的／土壤裡」。

啊！這一代的中國人起來了，曉昕和兩岸詩文作家們，放歌吧！用你的詩贊頌我們的時代！這一代的中國人最該完成的使命，是國家的富強和統一。工人、農人、軍人、詩人、企業家、生意人、開車的、玩電腦的……用你們各自的方法、形式，完成這個偉大的使命。

四、小結

陳曉昕的這本詩集，我只選擇一小部份寫些個人觀感，也並未從詩藝角度去評量，而是從思想層面介入。詩集中尚有多好詩，他描述世界各國詩人，他對客觀世界的人事物有敏銳的觀察，尤其他的情他的愛是多麼真誠，顯示他是有真性情的詩人。他父親東白為書中詩人群像繪制數十幅人物肖像，女兒陳菁為本書繪插圖，妻子常艷為本書植字排版並選配中外畫家等，也多麼讓人想要高歌一曲「甜蜜的家庭」。

多年來我隱住蟾蜍山，當一名化外農夫，閒時寫些像「詩」樣的東西給人免費使用，對兩岸文壇所知不多，對詩人也認識沒幾位。一點粗淺的隨筆，芻蕘之見，就教文壇諸山先進。

二〇〇八年三月在台灣台北蟾蜍山

（刊載大陸遼寧《盤錦詩詞》，二〇〇八年壹，貳；《台灣葡萄園詩刊》，二〇〇八年秋季號）

賞讀高保國父女的兩本詩集

——《相信未來》和《相信自己》

大陸文友、也是中國當代「德藝双馨藝術家」高保國先生，寄來兩本詩集，一本是他自己的《相信未來》，一本是他的女兒高雨小朋友的詩集《相信自己》。高先生是中國當代重要詩人、作家，著作等身，我並不驚訝；我訝異她女兒高雨小朋友，今年十六歲國三才畢業，竟能出版詩集，而我十六歲還在渾渾噩噩中過活，怎不讓人驚嘆！

對這兩本詩集，我抱着好奇、探索的心態閱讀，讀完思索着要分開寫兩篇賞讀心得，或合成寫一篇。終於我不忍讓父女情深分開，而只寫一篇短文來談這對父女的兩本詩集。

高保國「相信未來」流露真誠詩情

高保國先生，一九六七年生，江蘇如東人。至今詩歌、小說、散文、報導文學等之創作出版量，可能已經到「汗牛充棟」，難以逐一介紹。他現任江海科技文化研究會長、南方經濟時報駐江蘇省辦事處主任兼文學副刊編輯、如東縣作家協會副主席。

高兄《相信未來》詩集（中國文史出版社、二〇〇六年），全書六輯共九十多帖現代詩及若干散文詩小品等。讀來感人動人並對未來充滿信心，但某些地方我讀起來，卻實「感慨」多於「感想」，賞品如後。

第一、「國魂」為勞多沈重。在本書第一輯二十首詩，寫的是紅色的土地中國、七一頌、頌祖國五十春、寫給雷鋒、致周恩來總理等等。人民懂得愛自己的國家，是一種高貴的情操，尤以詩人的真誠愛國，更是「經典性的高貴情操」，但在我這個「生長在台灣的中國人」讀起，心中無比的沈重，是承受不起的重，為何？讀〈紅色的土地中國〉一詩：

……／中國　紅色的中國／為未來的前程／種下一粒粒光明的種子／共同呈現／至高無上的尊嚴／歲月潮流滾滾向前／紅色中國　紅色中國……

千百年來，我們以生長在「黃土地」上，擁有一條大黃河的炎黃子孫而感榮耀，何時炎黃子孫把「黃土地」變成紅土地，變成「紅色的中國」？我是生長在台灣的中國人，堅定的熱愛着中華民族。但這半世紀來，我受到的教育是要我愛「藍色的中國」，至於「紅色」，除過年的紅包外，台灣人普遍有恐懼感（或加幾分痛恨）。當然，我們總不能一直活在過去，我現在心態很「健康、明朗、中國」，中國便是中國，沒有顏色，也不必再區分甚麼顏色，我們熱愛這有五千年歷史文化的中國。至於誰在當家，只要全體中國子民都同意且支持，當家的真誠為人民服務，就是我們寫詩頌揚的對象，另一首《超越時空的輝煌》

……／紅色的十月，穿上節日的盛裝／無際的草原／飄滿金色的陽光／至高無上的航天偉業／再現九百六十萬平方公里的力量／搏擊九天的創舉／再現炎黃子孫的形象／一把把超越時空的火炬／燃燒着奮進的鐵塔／一艘艘超越時空的飛船／啟動着古老華夏文明的双漿……

這首詩的意象標示着「中華民族起來了」，飛向九天，飛向宇宙，超越時空之外，很能鼓動民心，鼓舞全民精神士氣。身為一個詩人，手中即無權力又無兵器。然而，他用一隻筆，駕馭文字，驅動風潮，能產生超過一個艦隊的力量，這便是詩人的能耐。「紅色十月」能驅動大陸民心，但我看起來還是「刺眼」，尤其那九百六十萬平方公里更是不能接受，台灣地區出版的地圖明明是一千一百萬平方公里，真是愈讀愈沈重。

這輯好詩多多，每一首讀起來都讓人熱血澎湃。〈希望工程〉為民族明天蕩漾，〈頌祖國五十春〉九州百年創新旺，〈寫給雷鋒〉亙古的活力生命榜樣。只是我讀起來都有一些沈重。

第二、鄉情也是我的原鄉夢、心語相信未來。本書第二輯「鄉情」寫出所有人的原鄉夢，第三輯「心語」是詩人的內心告白，包含親情友情愛情及對紅塵世界的感悟。兩集有詩六十多帖，讀之沈重之情揮之腦後，輕鬆許多。數十年前中國的鄉村景像，兩岸都很相似，爸爸上田，媽媽溪邊洗衣、水牛、水車，這是所有鄉村成長孩子的原鄉夢，我很能感受那份「鄉村的印象」：

那平靜的池塘／父親挑水模樣／給我無窮的力量／母親洗衣的笑／給我心馳神往……／縷縷炊烟／碧綠田庄／那鄉下的放牛郎／離開水井，離開故鄉／心底下一頁頁紙張／寫着夢魂牽思的土坯灶房

當我們（詩人）慢慢長大，要讀書工作，要打拼事業，要娶妻生子，絕大多數人要遠離鄉村走進城市，那裡才是人生的主戰場。在這過程中，難免有挫折、痛苦、鬱結，甚有痛不欲生者，何處找尋「最後的安慰、最後的力量」？即「原鄉」也！這是人

類心靈最後的依託。所以詩人才寫「父親挑水模樣／給我無窮的力量／母親洗衣的笑／給我心馳神往」，道理在此，我是從這個深層意識來解讀高先生的詩。第二輯另有「村上的水牛」、「農民」、「母親那份愛」、「童年找不回的愛」、「故鄉的土」、「老鄉親」等，還有「黃南海的浪」等，均屬原鄉情懷之作。

第三輯「心語」就是遠離原鄉夢境，在現實世界中打拼，愛情的追尋，工作的承担，職場諸現狀，顯示詩人是真心真誠在生活，不是在打混的。這輯的〈相信未來〉一詩，詩人抽離出當書名，應有特別深刻用意，表示打拼過程雖艱辛，但未來堅信必更好，成就更多，對國家社會也更樂觀。看這首詩的後兩段：

當我的幼稚被別人嘲笑／當我的花卉依偎在溫室的情懷／我依然固執地用信心的刀尖／在軟弱的肩膀上刻劃四

個字／相信未來／／我要用手指湧向黃海的大潮／我要
用手掌托住長江的排浪／用海上的日出／溫暖我那冷凍
的生命／用精心的血汗寫上四個字／相信未來

詩人擁有積極的人生觀，有大氣魄，應該也是一個勇者，面對「天大的困難」，也還有勇氣和決心面對。詩中那句「長江的排浪」，可能意指生活或事業中巨大的困境；或是一種反對聲浪，即使如此，詩人仍勇於「用手掌托住」，這便是一種氣魄，可敬的詩人。

第三、問情為何物？「載不動的愛」多沈重。在全人類各行各業人口中，詩人是最真誠的，最「文如其人」的人，相信高保國也是。在他的詩集中，我翻來讀去，想要一探這位青年詩人的愛情世界，發現他似乎不是一位浪漫的男人。甚至追尋愛情的過程也頗為沈重。有兩首這類的詩，先看〈載不動的愛〉：

> 思念昨天搖擺的槳／訴說那份載不動的愛／深深撞擊我受傷的心房……永恒的相思苦痛／灑落在我心靈的平原上燃燒／映在我靈魂的銀屏上火紅／火紅／火紅

這是一首沈重的情詩，詩人一生在追求甚麼？除了事業，不外是一份真誠的愛，而愛竟如此沈重，載不動，又成永恒的苦痛。另有詩句「懷抱我彈不響的吉他」，必定是有一段情愛「演」不下去了。末了用「火紅」意象收尾，很是吊詭，想像空間極大，火紅代表火燒的烈，燒光了，化為烏有，那沈重的愛情結束了；但反之，亦可解成火正在燒，這是詩的妙處。另一首〈愛情的自白書〉，則太坦白，太務實：

我是奴隸／去用辛勤的汗水／溫暖對方的心／／我是金錢／去用富麗的味／點燃愛的火／／我是謊言／去用甜言蜜語的污源／撥動愛的琴弦／／我是淚水／去用苦咸的花紋／搭起愛的彩虹／／我是頑固／去用崇高的綠葉／偽裝瀟洒的君子／／我是文憑／去用資本的紅色／換取愛的驕傲／這就是我／愛情的自白書

有情男女不斷進行各種比較、選擇的遊戲，總在「愛情與麵包」之間擺動，情愛競逐的戰場上，雄性生物總是居於主動追求的地位，人類大體上亦然。

但這首詩講了六種能打動雌性（女性）的方法：奴隸、金錢、謊言、淚水、頑固和文憑，透過這六方操作，打動女性芳心，雖有六七成神似，卻也未必如此，所以我說太坦白了，就不美，也太過於把愛情商品化了。

讀高先生《相信未來》詩集，「坦率」是重要的特點，坦率也是詩人特質之一，正如為該書寫序的周興春教授所言，其價值在于純真心情的流露。書上唯一寫老婆的詩〈妻子〉：「黃昏鐘點在奔馳／妻子開始轉動晨曦的秒表／轉動美好開端／和十二小時嘮叨／放進了摩拖車的車籃／指示生活輪」。就是這樣，他的詩是一種生活，活生生的，真實人生與生活的寫照。

高雨小朋友《相信自己》開始探索生命

高雨是誰？她是高保國的女兒，今年（二〇〇八）十六歲，初三剛畢業，文學作品已散見省、市、縣級等刊物。她整整小我四十歲，再我看來也還是小朋友。探索她的思想背景，算是「老革命」的第三代，國共內戰那些老故事已遠，「革命同志」更是古董名詞。這樣也好，何必被那些意識形態綁的死死，她的詩是天真爛漫的彩色花園。而不像她的上一代，仍活在單一顏色中，她老爸高保國（紅色），我（藍色），我們這些老革命的第二代，應盡快向高雨小朋友學習，才有多彩的後半生。

高雨小朋友的詩集《相信自己》（中國文聯出版社，二〇〇八），有十篇短篇文章和六十多首詩，看書名便知是很有自信心的女孩，全書充滿很有積極性的準備探索生命，對周圍環境人物有着好奇天真的新詮。

第一、小小的心靈對這世界樣樣感到新鮮。應該是這年齡孩子的共有特性，高雨特別鮮明與獨創，例如她在〈擁抱一切〉短文起頭說：「擁抱一切會領略到這一切的美好，世間萬物變幻莫測，可只有擁抱一切才是最完美的。」顯示她對客觀世界新鮮事物的探索動力很充沛的，並將所見加以詩化，她看到〈雪〉：

天空中飛舞的白色花／那是甚麼／她是雪／給大地捎來
了銀裝／／天空中飛舞的白色花／那是甚麼／她是雪／
給大自然的禮物／雪靜靜在天空中飛舞

這首寫雪的詩，意象景象都鮮明亮麗，她用自己的語言詮釋雪景。這種對客觀世界給予新詮，也是對新事物的初動感受，書中甚多，如「點想」、「喜歡」、「無語」、「聽雨」等。而〈雲彩〉一詩，寫成「來自天際深處／一抹永恒的心語」，多麼的唯美。

第二、爸爸媽媽仍是小朋友的生活重心。在高雨小妹妹的詩集中有五首寫父親的詩，一首寫母親的詩，從內容上看，父親對她有多重角色，影響力也大。有時父親像靠山，讀〈父親的背〉：

父親的背／多像一片綠色的森林／替我遮風避雨開辟未來

這是一個偉大的父親，有時父親成為一個從旁提示者，「父愛」一詩：「總再我散漫那一刻／父親要我記住／勤奮才會燦爛／功夫才會變成光環」。有時父親是她心中的指南針，〈迷途〉一詩：

我／一只小鳥／在天空自由飛翔／十六歲的天空／讓我有掙脫的欲望／有一天／翱翔四方／小鳥受了傷／不知飛向何方／是父親的翅膀／讓我走出迷茫

十六歲的好奇心正旺，急着要探索生命，掙脫各種框框，但「叢林」是多麼危險！所幸有父親助她走出迷陣。可見父親在她心中的重要地位。在〈父親〉這首詩中，她說：「您上下求索／生命寫真理／用堅強寫真理」，均見小妹妹對父親的崇拜。寫母親的詩雖只一首，但寫的最富詩意，〈媽媽的頭髮〉一詩：「媽媽的頭髮裡／散落着冬天幾片雪花」，意象的塑造算很高明，想像力也豐富，弦外之音是對母親的犧牲奉獻，投以關愛和心疼之意，真是一個很有文學才情的小作家。

第三、人生初體驗。十六歲是正在打開學習之門的年齡，當然談不上有甚麼豐富的體驗；但這也是最純最真的年紀，她的心靈筆調有最澄澈明潔的展現。這類的詩作如〈堅強〉、〈無題〉、〈平凡〉、〈機會〉、〈磨煉〉、〈人〉、〈飛揚的夢〉，試讀〈純真〉：

> 十六歲的情懷／追逐單純的詩／喚醒未來的夢／描繪青春的故事

簡單四句小詩，看見一個小女生單純的心情。但她對人生的初體驗，已有了自己定向的價值觀，在〈人〉一詩她這樣說：「獨一無二的你／保持自己與眾不同／那麼就有了／別人不可替代的價值」。由此觀之，她也是很早成熟的女生。很多人活到三十歲還不知道「我是誰？」高雨你真行，我忍不住現在就要請妳吃一客冰淇淋！

第四、期待與夢想。十六歲也是做夢的年齡，整天有夢，日夜有夢，夢想未來，〈夢有多遠〉、〈希望〉、〈花季〉、〈長大〉都是對自己的期許，試讀〈夢有多遠〉的後半段：

我們最初的動力／父母的關愛／老師的鼓勵／奮飛吧／
不再孤寂／年輕的流逝／經歷過后／你會發現／夢不再
一望無垠／理想／就在你的腳下

果然，高雨小妹妹是「相信自己」的，夢不遠，就在自己腳下。她的夢想其實不大，不是要創造甚麼大事業，在〈知道〉一詩她說：「我知道自己是小溪／注定要比大海低微／但我仍然吟頌四季／／我知道自己是燭光／注定要比陽光黯淡／但我閃着火焰照亮人生」。把自己比喻成小溪、燭光，很詩意也很了不起，更重要的她知道「我是誰？」。

另外，看〈老師我想告訴您〉和〈匍匐前進〉二詩，就能理解高雨小妹妹是勇敢和執着的，相信自己，「做實在自我也有着美麗的風景」，這便是自我實現了。

小結：「相信未來」與「相信自己」

高保國是真誠有愛心的人，看他的詩，愛國家民族、愛老鄉親、愛這片土地、愛家鄉那隻老牛。他也是勇於面對困境的人，

「心語」輯多首詩寫出他的理想性，面對現實世界的殘酷掙扎，〈畫自己〉一詩：「逃脫不了現實蚊子蒼蠅的叮咬」，因此「走吧」頌詩曰：「搖旗吶喊唱着開拓的夢想／燦爛青春熱血／甚麼時候隨我／向西流淌」，「離開城市」，去大西部打拼吧！但終究沒去，那是一個理想。留在城市當一個創作者，「燦爛的寶石／那就是我永不褪色的心」，也是他「相信未來」的理由。

用他女兒高雨小朋友詩集中〈父親〉一詩末段，給高先生做結語：「用一顆火熱的心／鑄就了四個字／選擇堅強／用一腔鮮紅的血／鑄就了四個字／自強不息」。末了，高雨小妹妹，妳的詩寫的真好，我最喜歡〈飛揚的夢〉、〈聽雨〉〈流星〉和〈雪〉等。相信自己，不出十餘年，定超越老爸，成為當代文壇閃亮的星星。

（刊載大陸江蘇省《江海文藝》；台灣《葡萄園》雜誌，二〇〇八年，冬季號。）

曾美玲《午後淡水紅樓小坐》悟甚麼？

女詩人曾美玲新詩集《午後淡水紅樓小坐》（秀威、二〇〇八年七月）出版，葡萄園詩刊各家賞讀佳評如潮。但我比較好奇的是，曾美玲為甚麼午後淡水紅樓小坐？通常「午後」都是「午餐後」，午餐後會想小睡片刻，她不睡坐在那看甚麼？表面上是看海，實際上不是。

人很少「櫻櫻美黛子」坐着看海，多是心中有事（電影、小說情節皆如是），心理寂寞或思索一些人生深刻的問題。如同牛頓「午後蘋果樹下小坐」，思考這世界的許多詭異難解的習題，詩人也是。

首先在曾詩的第一輯向日葵雖用火燄意象彰顯人生之燦爛，卻也「穿越百年孤寂／穿越冷漠人心」。蝸牛「渴望長出／夢的翅膀」，注定要失望的；獨木橋「深深倒映湖水／萬年的寂寞」，吊橋「共飲一宇宙的／蒼涼」，天橋「陪伴着沸騰的鄉愁」。而「秋雨」和「秋之思」是宇宙的秋天，屬於淒清寂寞的季節，人氣意興蕭索，物氣生興蕭條，整體氣氛或意象，均顯落寞瑟縮。

人存在宇宙間雖是獨立個體，卻也有限並受制約的，如兒女、夫妻、倫理、道德、生命、工作……許多框框架架，人人都孤寂又想掙脫孤寂。曾美玲也是，那首〈海鷗〉想超越制約：

有朝一日，我將再度遠行／穿越千頃煙波萬里長空／穿越風雨盡頭生死邊界／化作無牽無掛一抹閒雲／化作無色無形一縷輕煙所以，人生雖受制於許多框架（含生命的有限性），但非不能超越，曾美玲不是超越了嗎？達到天人合一，老莊境界於焉出現，雖仍孤寂，但在無限時空中穿梭飛翔，不亦樂乎！第二輯是她的旅行心得，旅行也是作家重要的修行功課，所謂「秀才不出門能知天下事」是少數例外（李敖），「知」與「行」亦層次不同。《午後淡水紅樓小坐》這首十九行詩放在第二輯，並無深意，小有含意：

像一艘滿載故事的／船，疲憊停靠／深秋的河岸／匆匆行囊／閒閒掛起／且握一壺茶的／心事，沉默啜飲／鄰近山色

原來詩人有些累了，正好航行到淡水紅樓，小坐片刻，是人生的短暫停留，也是一種休息。但詩人都善於思考，在此小坐仍

想到「似理不清的愛憎糾結／解不完的生死謎題／走不出的困惑迷宮」，乾脆看看對岸燈火朵朵綻放，心中也舒坦些。本來，曾美玲年紀「尚青」，未能解開人生所有困惑也是當然。

第三輯「讓我們一起去賞雪吧」是詩人對身處的社會、大地、環境、眾生乃至地球環保的關懷。不能逐一解析，只賞讀一首和「愛台灣」有關的詩，即〈讓我們一起去賞雪吧〉，應是對台灣命運的憂心和解決建議案吧！試讀中段的幾行：

> 集體命運遙晃不定／代代模糊又鮮明之愛恨／或許，我們會同時滴落／憂思的熱淚

回想四百年前，鄭成功收回台灣本要「反攻大陸」，奈何第二年（明永歷十六年、清康熙元年、一六六二年），成功卒於台

灣，此後成功的兒孫分統、獨兩派鬥爭無休，這種統獨之爭延續近四百年，未來恐仍如是。這就是詩人憂傷的「集體命運遙晃不定／代代模糊又鮮明之愛恨」。如何解脫此種困境？女詩人提案：

讓我們一起去賞雪吧／看那一朵朵舞蹈的雪花／化作一行行祝福的詩句……帶領我們穿越風的空洞謠言

這是一首三十多行的詩，叫現在台灣內部統獨不爭而都放下去賞雪，當然是不可能（雪可賞、爭不停）。扁政府八年腐敗超過清末，貪數十億（可能上看百億），仍有若干挺扁活動，可見其人性理性已完全喪失，這且不表吧！再說下去也傷曾詩之美感。第四輯相對論共有十六首短詩組成，每首以相對布局，舒發對比之美，曾算是能手，亦不多論。且讀最感溫馨、幸福美滿的第五輯「還記得只是昨天的事」。詩友都羨慕她的幸福美滿，獨我認為她並非城堡中的公主那般幸福，她的詩幾以明朗的察覺落寞孤寂漸漸向她靠近，那才是人生最後的真相。

或許當妳們偶然回頭／蒼茫的暮色中懸掛着我倆永遠的牽掛——還記得只是昨天的事——

留在書架上，沒被帶走的／書本與回憶／相互靠近取暖——女兒的房間——

三十多年後／那年菜的芳香／那笑談的往事／依然自記憶的爐灶，暖烘烘地／飄出——午夜飯——

在某個勾起鄉愁與傷感／飄掠寂寥的假日午後／將往事與綠園／深情地追憶——重返綠園——

實況尚多，勿全都揭開了。人到中年，兒女一一出走，父母漸漸老去往生，人終究只剩老身孤獨，來日不多而回憶很多。再者，夫妻結婚數十年後，甚麼感覺全沒了，每天只剩等吃三餐，白頭偕老，這算幸福嗎？很多人說「真殘忍」。而曾美玲年紀尚青，那首寫婚姻生活的〈結婚紀念日〉，夫妻兩口子已然過着機械般生活，浪漫愛情似已遠去。凡此，在愛情至上的浪漫主義者觀之（如台南詩人林宗源），大概只有「不幸」可以名之，故曰：「婚姻是愛情的墳墓」，住在墳墓中快樂的起來嗎？這是不定之論。畢竟一樣米養百樣人，並非每個人都是浪漫主義者，還有務實主義、機會主義……很多，只要覺得快樂無傷他人而能自我實現，都值得全力以赴去追求。對女詩人而言，能經營一方小小家園，讓孩子成長，讓先生穩定工作，讓學生如沐春風，有一點悠閒小坐想心事，用心生活讓作品更深刻感人，若有傳世之作更是今生最大的滿足。想必這是曾美玲最大的「事業版圖」啦！

女詩人的「事業版圖」在第六輯，〈一位詩人的畫像〉是她的自傳詩，她對自己的作品有一定的信心，「背着不死的詩魂／化作吟唱的青鳥／傾滿腔血淚／獻永生信念／溫暖千千萬萬代／冰封的心」，她對人生有信心有熱情。而〈十字路口〉和〈受傷記〉是人生難免的挫折，〈蠟燭之歌〉正是她的人生觀之寫照。

不論想像力多豐富，理想多高遠，詩人終究要回到現實生活中，上班、下班、煮飯、燒菜的凡人生活。「一遍復一遍／踩着美麗憂傷／永恆的舞步」，正常、平安就是福氣。

不知那位哲學家說過「活着的人都有遺憾」，是吧！人都有些困境或難題，甚或面臨險境。女詩人也有，但她在淡水紅樓小坐片刻，就如牛頓在蘋果樹下的領悟，「乍見對岸燈火，朵朵綻放」。人生旅程說短很短，說長也很長，有時小坐歇腳是必要的，小思故我在就是「小坐」的收穫。

（司馬千之名發表，《葡萄園詩刊》，一八二期，二〇〇九年夏季號）

想起四川老鄉作家詩人們

——賞讀傅智祥詩集《拾蚌者之歌》

大約六十年前，一九四八年左右，我老爸隨當時的青年遠征軍到越南打仗，約一九五〇年回到台灣，從此他老人家再也沒機會回老家（四川成都）。一九八四年他往生了，當時兩岸沒有開放，這麼多年了，只憑他的姓名「陳建民」，簡單的居住地「成都北門北大街香煙工廠」，根本無從找起，音訊全無，也就不了了之。

歲月如梭，老爸走廿五年了。而我也許因緣未足吧！至今未曾回過祖籍成都，有兩次機會都因故又停擺。雖至今未到過四川，我卻很注意四川的作家詩人們（限在台灣葡萄園和秋水詩刊有作品發表或訊息者）。二〇〇六年我以這種鄉情寫〈相思〉一詩，刊秋水，舉第一段：

半生尋尋覓覓／只想着尋流溯源，追根究柢／終於來到秋水之湄和葡萄園鄉／滿山遍野都是奇花異草／個個都是人中龍象／可我，獨愛那／雁翼、木斧、沙馬、魯川，李明馨和蔣明英／華心、穆仁、段焰、荒田、何夕報和蔣登科

《秋水詩刊》，一三一期，二〇〇六年十月

我常關注的四川作家詩人除「相思」詩十二人外，還有很多，在重慶的詩人如譚朝春、馮異、朱兆瑞、鄒雨林、王佑國、婁方

榜；成都詩人潘先佐（也寫小說），還有教授詩人周建軍、青年詩人涂擁、畜牧詩人唐詩、女詩人王爾碑、老詩人梁上泉、內江白馬發電廠工人詩人洪平。本文要談的主角傅智祥也算是四川老詩人。

傅智祥，一九三七年十二月出生，四川簡陽人，從事農場管理工作，但文學創作更輝煌，所出版、發表之作品，包括小說、詩歌、散文等領域。二〇〇七年執行主編《簡陽詩詞楹聯選》，由中國文聯出版社發行。老作家老當益壯，著作愈豐，叫人敬服。他最新出版的詩集《拾蚌者之歌》（北京：作家出版社，二〇〇七年十月。）全書有現代詩一百一十四首、傳統詩詞六十一首，分四部份略述淺見。

主題詩〈拾蚌〉經營意象創發獨特

〈拾蚌〉是全書第一首詩，加三虛字同時為書名，三段二十行的小詩，置於篇首又代表整體，初讀不覺特別，讀第三回才悟得他是全書之靈魂核心，是詩人之一生。應先單獨解讀論述之，全詩先照抄：

夜間，轟的一聲震憾山岳／硯池中飼養的一記希望／出一粒／閃閃發光的回報
童服包裝的夢／田埂溪邊河灘／尋拾歡樂／鼓鼓的書包腥氣散發／移步養殖春天／蚌乃懷珠之母體／曲折的旅途／拾蚌育珠　詮釋／生命的連動謂語
又一個伏案的通宵／妻子一聲溫柔／敦促夢來夢去／桌上，台燈通明／多情的口涎助我一臂／源源灌溉／一塊塊養蚌方田

養蚌、拾蚌是一種古老又現代的行業，本是養蚌人家賴以維

生的工作，詩人不可能去養蚌，因為那可是苦差事。但現在詩人把養蚌育珠比愈為一生之創作，一種「生鮮意象」便被轉移且靈動了起來。先說「意象」，《易傳・繫辭》說：「古者包犧氏之王天下也，仰則觀象餘天」王弼《周易略例・明象》說：「象生於意，故可尋象以觀意，意以象盡……」所以意象是客觀世界的形象，被詩人采擷。

第一段描述詩人喜愛夜間寫作，「硯池」可能只是象徵，因為現代人寫作極少用硯台、毛筆（老詩人可能還用），故所謂「硯池、硯田」只是意象轉用。「蹦出一粒／閃閃發光的回報」，意指靈感蹦出來，生出珍珠般的詩句，而這種好詩（作品）並非突然得來，是要辛苦經營（飼養）的，如同養蚌，不善加經營也生不出好珍珠。

第二段把場景拉回童年，背着書包在溪裡摸蚌殼的回憶，這種經驗我小時候（一九六五前）也有過，那時台灣的溪流到處是蚌殼和魚類。「曲折的旅途」指「蚌懷珠」的辛苦，甚至是痛苦的，如同詩人的人生旅程。正好，傅智祥在文革時因「台屬」牽連，被下放勞改務農十多年，懷珠之苦正像自己，但這便是生命的真實旅程，從童年的拾蚌到後來創作「育珠」，都詮釋著生命的連動。

第三段提到妻子給詩人的幫助很大，他倆伉儷情深。倒是「多情的口涎」用的「太年青」，口涎者，唾液、口水也，男女接吻才有的感覺，但老夫老妻還有甚麼感覺？若是情人的口涎就大大不同了；莫非詩人的老妻仍有「情人」感覺，若然，她真是詩人心上的「珍珠」。最後兩行詩句「源源灌溉／一塊塊養蚌方田」，點出妻子口涎的功能，「方田」是稿紙上的方格子，詩人是在稿紙上養蚌的，希望傅智祥這顆「老蚌」能生出更多「珍珠」，以饗更多愛詩人。

老詩人的黃昏世界依然風光瀟灑

續〈拾蚌〉之後，新詩篇不分輯共有一一四首現代詩，所詠唱內容大體是傳統鄉村生活情境、鄉愁、國家民族兩岸情懷、人物風景、小人物或人民苦難關懷、人生終點站思索等。全面掃瞄作品內涵，詩人視野心境依然風光瀟灑（老妻雖走、希望他快樂的過日子），不逐一品述，各舉一首賞讀並舉愛詩人分享。〈躬耕〉是五行小詩：

牛背／犁背／父親的背／／三弓連線／詩化了土地的童年

這是一首有「功力」的小詩，曾在台灣《大海洋》詩刊二〇〇六年第六期發表。第一段「牛背／犁背／父親的背」是一種實景，屬事實陳述的「科學語言」，並非「文學語言」，更非

「詩語言」，但加上後兩句「三弓連線／詩化了土地的童年」，便轉化成一首完整而有意境的詩。舉馬致遠「天淨沙」說明，「枯藤、老樹、昏鴉」只是三個孤立的意象（也是實景），不能表達任何詩意，加上「小橋、流水、人家」，之後詩意便慢慢活了起來。〈躬耕〉一詩的操作手法類同，顯見詩人的功力。再讀另一首鄉愁〈望月〉：

遊子的淚／五千年　流得／多了／太多了／／濺起一道
十五的／月光／匯成淹沒大地的／鄉愁

這首兩段八行的短詩，發表在澳大利亞《澳洲彩虹鸚》二〇〇五年第一期。道盡中華子民鄉愁之長之多，長達五千年，多的可以淹沒大地，「濺起一道十五的／月亮」用的很神，意境深遠。我讀過很多寫鄉愁的詩，未有如傳詩之力道。

大概人過中午（六十以後），會情不自盡的思考人生終點站的一些問題，作家表現於作品，詩人表達於詩作。詩人的詩集已有這類作品，試讀〈設想，我的骨頭〉：

有一天，我退出生活／靈魂空中張望／半根銼銼白骨／醉臥黃土高坡／／白骨沐浴春風／叭叭兩聲收穫／南風打磨詩意／磷火歲月如歌／／磷火／點亮弱勢生命的眼睛／飛進祖母的童話故事／燒毀那頭／咬妹妹手指的熊「外婆」

這首詩原載台灣「乾坤」詩刊二〇〇四年冬季號，詩意瀟灑帶有童趣，本來人人最後都要回歸大地，便一切都結束了。但詩人是一種不同於普通人的「特殊人種」，其特殊來自詩人和詩作都有「永恒性」，所以死後還能有「白骨沐浴春風」的快活，磷火如歌的歡唱歲月，最後成為一則童話故事。讀詩集的現代詩（新詩）部份，一言以蔽之，曰「風光瀟灑，功力十足」。

詩詞歌賦藏深情、「陰陽界嶺啼杜鵑」

《拾蚌者之歌》後半部是傳統詩詞，筆者對傳統詩詞並無專研，卻也喜歡賞讀又愛玩弄，曾出版一本「非正式」傳統詩詞《幻夢花開一江山》（台北：文史哲，二〇〇八年）。不過寫些半生風塵僕僕中的風花雪月，或風雲際會中之人事閒情，或懷裡擁弄風鬟霧鬢之激情等。

但傳老大哥的傳統詩詞藏着人生至愛之情，在前項談主題失「拾蚌」時，提到詩人妻子的「口涎」灌溉了他的「方田」（作品）。這個意象的弦外之音，還能解讀成詩人夫妻的性生活，接吻是兩性做愛的前奏曲，這是做愛的「方程式」。女人的口涎對男人是一種灌溉，反之亦然。按佛洛伊德的理論，性愛中的Libido是人類一切創造和創作力的泉源，這個字在性心理學上的意義指本能衝動、性欲、生命力等，我譯成「力必多」，詩人與妻雖已黃昏之齡，仍有性愛生活，肯定兩老恩愛美滿，詩人有了「力必多」，故創作仍能源源不絕。再傳統詩部份，詩人仍有多首寫到他的愛妻：

戶外雷雨聲聲急，床上病妻頻頻呻。
能說天公錯行令，只恨桌上假藥瓶。

〈錄實〉：二〇〇七年八月十五日

風雨共舟四十年，兒女累債逾萬天。
天公不識人間愛，陰陽界嶺啼杜鵑。

〈悼妻〉二〇〇七年十月十三日

對一個男人言，一生最大的圓滿是得到一個真正心愛的女人，最大的傷痛是心中的「寶貝珍珠」走了。詩人把一生創作喻為「拾蚌」，那麼，除了在他的筆下「嘣出」粒粒珍品，他的愛妻更是拾獲的珍珠，成為詩人心上的珍珠。只可恨，這世上竟有這麼多奸商賣假藥，傷了愛妻，是詩人最大的傷痛。在這本詩集尚有多處藏有詩人的愛，舉其若干段落見証人間至誠之愛：

啊，紅薯塊／一條是我／二條我妻／三條四條我之兒女

／一家子／簇擁在薯窩窩裡

「一窩紅薯塊」，新加坡「新風」詩刊

青青原上草／盈盈柳塘魚／攜孫伴妻丈量三月／漫步春風熏陶詩情

〈采薇〉，《十月雜誌》新作家集

夢醒時，身旁／我妻嘮嘮叨叨／元宵節後／送孫女上幼兒園／千萬不要忘記

〈夢與非夢〉，《三峽》詩刊

這些都是平凡生活中的點滴，這一家子的真愛成為一種生活方式，尤以那「一窩紅薯塊」，一條是我，二條我妻，好甜蜜溫

馨。大約五十年前我尚住在很鄉下的地方，尚感受到此種氣氛，到了城市全沒了，

詩人傅老至今仍有這種感覺，寫出如此「紅火般愛的意象」，叫人好生羨慕。這道「方程式」只有三個元素組成：詩人的才華、生活深刻體驗和夫妻恩愛之情。

代結語：四川老鄉作家詩人們，我們牽掛着民族興盛

在本文最前提到拙作〈相思〉一詩，算是我寫本文的緣起吧！時代悲劇的捉弄（或命運），讓四川成為對日抗戰大後方的基地、國家行政中心，讓四川人分佈海峽兩岸。但心是一致的，〈相思〉末段是：

只因老爸說五十多年前自天府之國來／那一絲絲血脈，

燃起的相思情／就算一夜飲盡整罈酒／飲盡秋水和滿園葡萄蜜汁／又能如何？相思依舊

是啊！海峽兩岸的四川人，不論跑到地球的那裡，我們對故土的血緣文化是永遠與生命同存的，相思依舊，一顆心也一樣牽掛着中華民族的興盛，詩人傅智祥的詩集也流露對國家民族之情，對侵略者的批判，皆詩人真性情也。試讀兩首相同情境，不同形式表達的詩：

宛平的城牆／像一條巨大的神龍／橫臥于盧溝構的橋頭／／城牆上的彈洞／似啟動着的一張張大嘴／似乎／向國人，向世界／控訴日本侵略者的罪行／八年，十年，六十年……永遠，永遠

〈宛平城牆上的彈洞〉，二〇〇六年元月

曙光盈盈照宛平，隔世猶聞槍砲聲。
露悼英靈草含淚，墻迸怒姿蝶橫眉。
彈洞似嘴罵倭寇，城廓如磬揚國魂。
警鍾聲聲記國恥，吾當謀句托後生。

這兩首相同情境，不同規格的詩，最能引起當代華人的共鳴（當然，受皇民化毒害和漢奸例外。）傅老已是「祖」字輩人物，仍牽掛懸念着這記國恥，且要「謀句托後生」，怎不叫人敬佩。倒是吾國子民一笑泯恩仇的心胸是太寬或太易見忘？也讓人不解。因為自我國明朝萬歷年間以來，倭國有三次大舉侵華戰爭；企圖消滅中華民族，第一次是萬曆年間朝鮮七年戰爭、第二次清代甲午戰爭，第三次是民國的八年抗戰。小小一個倭寇鬼，能發動三次侵華戰爭，吾國子子孫孫不需要反省嗎？我國至今分裂為二，正是倭寇侵略的後遺症，傳老以為是不？

惟民族要謀發展，人要向前看，希望〈拾蚌者之歌〉傳遍大地，鼓舞我炎黃子民；並有更多「蚌珠」（傳世之作）在文壇展現。至於我，未來最大願望是能在最短期間內，到四川走走，會一會本文提到或未提的同鄉作家詩人們，親自把自己的作品送給他們。相信這願望不大，不難實現。

（生長在台灣台北的四川人陳福成草於二〇〇八年冬，於萬盛草堂，並刊於《葡萄園詩刊》，一八二期，二〇〇九年夏季號。）